Geheimnisse eines Küchenchefs

Geheimnisse eines Küchenchefs

Parragon

Bath · New York · Singapore · Hong Kong · Cologne · Delhi · Melbourne

Love Food ™ is an imprint of Parragon Books Ltd

Layout: Andrew Easton bei Ummagumma
Bilder: Mike Cooper
Food-Styling: Tom Kime
Fachberatung: Lincoln Jefferson

Parragon Books Ltd
Queen Street House
4 Queen Street
Bath BA1 1HE, UK

Realisation der deutschen Ausgabe: trans texas publishing, Köln
Übersetzung: Kathrin Jurgenowski, Köln

Ich möchte meiner Frau Kylie Burgess Kime für ihre Liebe, Unterstützung, unser wunderbares Leben und dafür danken, dass sie eine so enthusiastische Reisebegleiterin ist. Dank auch meiner Mutter Helen, die die Inspiration für meine Liebe zum Essen ist, meinem Vater Robert, der meine Liebe zum Reisen und für neue Entdeckungen begründet hat, und meiner Schwester Hannah für ihr andauerndes Interesse und ihre Ermutigung, niemals meine Ziele aus den Augen zu verlieren. Auch meinen Patenkindern, Frank, Alice und Raphael, mit denen ich noch viele Mahlzeiten teilen möchte, möchte ich danken. Danke an alle, die gutes Essen und das Reisen lieben!

ISBN 978-1-4075-7947-4
Printed in China

Hinweis
• Sofern die Schale von Zitrusfrüchten benötigt wird, verwenden Sie unbedingt unbehandelte Früchte.
• Sind Zutaten in Löffeln angegeben, ist immer ein gestrichener Löffel gemeint: Ein Teelöffel entspricht 5 ml, ein Esslöffel 15 ml.
• Sofern nicht anders angegeben, wird Vollmilch (3,5 % Fett) verwendet.
• Es sollte stets frisch gemahlener schwarzer Pfeffer verwendet werden.
• Bei Eiern und einzelnen Gemüsesorten, z. B. Kartoffeln, verwenden Sie mittelgroße Exemplare.
• Kinder, ältere Menschen, Schwangere, Kranke und Rekonvaleszenten sollten auf Gerichte mit rohen oder nur leicht gegarten Eiern verzichten.
• Die angegebenen Zeiten können von den tatsächlichen leicht abweichen, da je nach verwendeter Zubereitungsmethode und vorhandenem Herdtyp Schwankungen auftreten.

INHALT

Einleitung von Tom Kime

Im Laufe meiner Kochkarriere bin ich sehr viel in der Welt herumgekommen. Ich habe in einigen der besten Restaurants von London und Sydney gekocht, meine eigene Catering-Firma betrieben, preisgekrönte Restaurants gegründet und Prominenten und dem internationalen Adel Speisen serviert.

In dieser Zeit habe ich viele Ideen zur Präsentation von Speisen erhalten. Dabei stellte ich fest, dass man, unabhängig vom Stil des Menüs, die Dinge möglichst einfach halten sollte. Wird das Gericht schön angerichtet, macht das Essen noch mehr Spaß.

Für dieses Buch habe ich 30 Rezepte ausgewählt, die ich Ihnen Schritt für Schritt erklären möchte. Zu jedem Rezept gibt es Tipps und Präsentationsvorschläge. Dadurch sind Sie nicht nur in der Lage, für Freunde und Verwandte Gerichte von Restaurantqualität zuzubereiten, sondern sie auch entsprechend anzurichten. Sie werden erstaunt sein, mit welchen einfachen Tricks man Gerichte wunderbar in Szene setzen kann. Schon bald werden Ihre Gäste Sie fragen: „Wie machst du es nur, dass das Kochen und Anrichten so mühelos bei dir aussieht? Hast du ein paar Tipps, wie man die Speisen so elegant auf den Teller bringt?“

Gutes Essen spricht alle Sinne an – nicht nur der Geruchs- und der Geschmackssinn entscheiden darüber, ob wir eine Speise mögen. Zuerst zieht uns der Anblick einer Speise an. Denn wir betrachten ein Gericht, bevor wir es riechen oder schmecken. Die anregende Aussicht darauf, wie gut dieses Gericht schmecken wird, aktiviert unser Gehirn. Eine Bäckerei oder ein Käsegeschäft sind gute Beispiele dafür. Allein beim Anblick der Leckereien läuft Ihnen das Wasser im Munde zusammen.

Die Präsentation des Essens trägt also zur Zufriedenheit Ihrer Gäste bei. Wir sind wie die Schmetterlinge: Wir fühlen uns von schönen Dingen und leuchtenden Farben angezogen. Deshalb wirkt überkochtes, fahl aussehendes Gemüse unappetitlich, während knackig frisches Gemüse und frische Kräuter sofort unseren Appetit anregen.

Die Kunst des Präsentierens

Die Anziehungskraft und der Zauber eines guten Restaurants werden nicht zuletzt durch die Präsentation der Gerichte bestimmt. Verschiedene Techniken werden eingesetzt, damit die Speisen anregend und spektakulär wirken. Dies bezieht sich auch auf die Tischdekoration, die verwendeten Teller und Weingläser und die Falttechnik der Servietten. All diese Bestandteile erzeugen ein detailliertes, dreidimensionales Bild des Essensgenusses. Und all dies geschieht, bevor Sie auch nur zur Gabel gegriffen haben.

Es gibt viele verschiedene Präsentationstechniken – manche eignen sich nur für bestimmte Gerichte oder für Speisen aus bestimmten Regionen. Man kann Gerichte besonders elegant präsentieren oder eher rustikal, je nachdem, was zur jeweiligen Speise passt. Aber egal, welchen Stil wir wählen – das Ziel ist immer, dass die Nahrung schön anzusehen ist.

Ein hervorragendes Essen im Restaurant oder bei Freunden kann dazu anregen, die Gerichte nachzukochen. Oft scheitern jedoch unsere Bemühungen, obwohl alles doch so einfach ausgesehen hat. Sobald Sie aber die entsprechenden Techniken kennen, wird Ihnen das Nachkochen von bestimmten Gerichten sehr viel leichter fallen.

Die Hinweise in diesem Buch sind leicht zu befolgen und können auf alle Speisen angewendet werden, sei es für ein Menü zu einem besonderen Anlass oder für ein Rührei, das man sich zwischendurch zubereitet.

Die wirksame Präsentation eines Gerichtes beginnt mit dem Anrichten auf einem geeigneten Teller. Beseitigen Sie fettige Fingerabdrücke und Saucentropfen vom Tellerrand. Der Tellerrand ist das Erste, was Sie sehen, und wenn er sauber und glänzend ist, wirkt er wie ein Rahmen, der den Blick in das Bild zieht – also auf das Gericht. Wenn Sie eine Suppe in einer Schüssel servieren, deren Seiten mit Flüssigkeit und Fingerabdrücken beschmiert ist, könnten Sie auch genauso gut angebissene Brotscheiben dazu reichen. Beides wirkt gleichermaßen abstoßend auf Ihre Gäste. Dieses Buch hilft Ihnen dabei, zeigen zu können, dass Ihnen die Gerichte, die sie anbieten, am Herzen liegen. Wenn Sie sie optimal präsentieren, werden Ihre Gäste begeistert sein, und das Essen wird sehr viel mehr Spaß machen.

Wenn man professionelle Köche nach den zehn besten Gerichten fragt, die sie je gegessen haben, werden sicher einige solche in Toprestaurants mit Sterneköchen und exquisitem Service anführen. Andere wiederum erinnern sich vielleicht an ein bescheidenes regionales Restaurant, in dem frische Zutaten zu unprätentiösen Gerichten kombiniert werden. Das Essen dort war wunderbar, das Gemüse sonnengereift, die Teller wurden vielleicht von den Kindern des Kochs serviert, und rundherum waren keine Touristen zu sehen. Frisch gegrillter Fisch oder ein Picknick an einem schönen Aussichtspunkt sind ebenfalls etwas Einfaches, aber Wunderbares.

Ob ein Gericht beeindruckt, hängt nicht von einem eleganten Ambiente ab. (Würde ein Picknick am Strand besser munden, wenn es von weiß gekleideten Kellnern serviert würde? Wahrscheinlich nicht.) Es mag ein ganz einfaches Gericht gewesen sein, aber bei der Erinnerung daran müssen Sie lächeln. Was die Präsentation angeht, so können ein Bananenblatt, ein Holzbrett oder ein Ziegelstein in der richtigen Umgebung großartig aussehen. Andere Gerichte wiederum kommen am besten zur Geltung, wenn Sie sie mit gefalteten Leinenservietten und Ihrem besten Tafelsilber auf großen Porzellantellern servieren.

Das perfekte Menü

Bei der Planung eines besonderen Menüs sollten Sie immer auf die Ausgewogenheit der Gerichte achten. Das Menü muss vom ersten bis zum letzten Augenblick „im Fluss sein". Nach dem Essen sollen sich Ihre Gäste noch wohl und nicht übersättig fühlen. Wenn Sie einen sehr schweren Hauptgang planen, sollten Sie eine etwas kleinere Portion servieren. Überlegen Sie, was dem Gang vorausgeht und ihm folgen soll. Bei einem guten Menü ist weniger oft mehr. Falls Sie mit einer cremigen Suppe beginnen, dann sollten Sie Ihren Gästen nur kleinere Portionen vorsetzen. Und wenn Sie einen schweren Schokoladenkuchen als Dessert planen, reichen Sie lieber dünnere Scheiben statt große Stücke.

Wenn Sie die Gerichte für Ihr Menü auswählen, achten Sie bei den einzelnen Gängen darauf, dass sich die Hauptzutaten, die Farben und die Konsistenz nicht wiederholen. Sollten Sie beispielsweise als Vorspeise Suppe mit Pinienkernpesto und Walnussbrot, als Hauptgang Lamm mit Mandelfüllung und zum Dessert Plätzchen mit Haselnuss und Pistazie servieren, haben Sie eindeutig ein Übergewicht an Nüssen in Ihrem Menü. Jedes Gericht für sich ist köstlich, aber die Speisenfolge ist nicht ausgewogen. Außerdem könnte es noch ein weiteres Problem geben: Sollte ein Gast eine Nussallergie haben, was nicht selten vorkommt, müssen Sie ihm für jeden Gang eine Alternative bieten.

Ein weiteres Beispiel für ein unausgewogenes Menü wäre Champignoncremesuppe, gefolgt von Grillhähnchen mit Sahne-Kartoffelpürree und als Dessert Crème Caramel. Dies sind drei für sich gesehen köstliche Speisen, die allerdings zu wenig in Farbe und Konsistenz variieren.

Die Konsistenz ist ein wichtiges Kriterium bei der Auswahl eines ausgewogenen Menüs. Wir besitzen nicht ohne Grund ein Gebiss ... Servieren Sie also nicht nur weiche Speisen, die nicht wirklich gekaut werden müssen. Ein abwechslungsreiches Menü könnte mit einer Gazpacho oder einer pikanten Fischsuppe mit Kurkuma beginnen. Beide Suppen sind durch ihre leuchtende Farbe visuell sehr anregend. Als Hauptgericht eignen sich dann sautierte Jakobsmuscheln mit frischem Minz-Chili-Dressing oder Stubenküken mit einer Füllung aus Sauerkirschen, Cranberrys und Pistazien. Das dazu passende Dessert ist dann frei wählbar, denn in den ersten beiden Gängen wurden noch kaum Nüsse, Sahne, Zitrusfrüchte oder Obst verwendet.

Für ein besonderes Menü sollten Sie sich Zeit nehmen, damit Sie an der Vorbereitung auch Freude haben. Wenn Sie nach der Arbeit schnell in den Supermarkt hetzen, um bis 19.30 Uhr ein dreigängiges Menü fertigzustellen, werden Sie nur gestresst sein und Kopfschmerzen bekommen, bis Ihre Gäste eintreffen. Im besten Fall kaufen Sie die Zutaten am Vortag ein und bereiten auch schon einiges vor. Suppen, Eintöpfe und Currypaste profitieren geschmacklich sogar davon, wenn Sie im Voraus zubereitet werden. Viele Desserts können über Nacht im Kühlschrank

aufbewahrt werden. Das hat zwei Vorteile: Erstens ist das Dessert beim Servieren auf jeden Fall fest und kalt, und zweitens haben Sie am Tag, an dem das Essen stattfindet, weniger Arbeit.

Bereiten Sie zuerst die Speisen zu, die noch gebacken, vorgegart oder länger köcheln müssen. Setzen Sie also zuerst einen Hefeteig an, oder stellen Sie das Dessert kalt, bevor Sie sich ans Kräuterhacken machen. Wenn Sie etwas hacken, Geschirr spülen oder den Tisch decken, kümmern Sie sich in dem Moment nur um diese eine Sache, es sei denn, sie haben alles gut vorausgeplant, sodass einiges parallel ablaufen kann. So haben Sie am Ende mehr Zeit, die Gänge schön anzurichten. Den Tisch können Sie schon gut am Vorabend oder am Morgen decken, sodass Sie sich am Tag des Essens selbst nur auf die Zubereitung konzentrieren können.

Das richtige Timing ist beim Servieren der Gänge eine sehr wichtige Sache. Es ist leichter einzuhalten, wenn Sie das, was Sie für den jeweiligen Gang brauchen, schon griffbereit vorbereitet haben. So sollte beispielsweise Spinat schon im Voraus geputzt und gesäubert werden. Stellen Sie ihn dann mit dem gehackten Knoblauch und der passenden Pfanne neben dem Herd bereit. Ein Gang darf ruhig eine Zutat enthalten, die unmittelbar vor dem Servieren gegart werden muss.

Wenn Sie zur Hauptspeise etwas Servieren, das auf den Punkt gegart werden muss, sollten Sie dazu eine Vor- und Nachspeise wählen, die Sie schon im Voraus zubereiten können. Denn wenn für jeden Gang vieles kurzfristig gegart werden muss, verbringen Sie den Abend nur in der Küche und können nicht bei Ihren Gästen sein.

Beachten Sie, dass Kräuter und Salat unmittelbar vor dem Servieren zubereitet werden müssen, damit sie nicht in sich zusammenfallen. Verarbeiten Sie gleiche Zutaten für verschiedene Gerichte immer in einem Arbeitsgang. Wenn Sie für zwei Gänge gehackten Knoblauch benötigen, können Sie ihn auch auf einmal hacken.

Besteck und Geschirr sollten Sie für jeden Gang schon bereitgelegt haben. Natürlich können Sie die Vorspeisenteller auch für das Dessert verwenden, denn dazwischen haben Sie ausreichend Zeit zum Spülen. Falls Sie allerdings die gleichen Teller für Vor- und Hauptspeise verwenden, kommt Ihr Zeitplan durch das Spülen sicher durcheinander. Vielleicht passiert es dann, dass Sie das Hauptgericht zu lange garen, weil Sie abgelenkt und gestresst sind.

Das Geschirr und die Tischdekoration tragen viel zur Stimmung eines Essens bei. Kerzen verwandeln einen alltäglichen Tisch in eine elegante Tafel. Blumen schaffen eine besondere Atmosphäre. Verzichten Sie allerdings auf zu stark duftende Blüten wie beispielsweise Lilien, da diese das Aroma der Speisen überdecken können.

Mir gefällt es, wenn ein Gericht auf einem schlichten, edlen Teller angerichtet wird und für sich selbst spricht. Bunte oder gemusterte Teller sollten Sie nur für Speisen verwenden, die eher einfarbig sind, wie etwa eine

Gazpacho. Diese leuchtend rote Suppe passt gut in eine blau gemusterte Schale. Speisen mit vielen verschiedenen Farben und Formen wie z. B. der Feigen-Fenchel-Salat mit Ziegenkäse und gerösteten Mandeln wirken wesentlich besser auf einem schlichten weißen Teller.

Ich finde, dass die einfachsten Tischdekorationen auch die elegantesten sind. Wenn Sie beispielsweise farbige Weingläser verwenden, kommt die eigene Farbe des Weins nicht mehr zur Geltung. Zu viele Aromen auf einem Teller verschlechtern das Gericht, und das Gleiche gilt für die Präsentation. Zu viele Farbkontraste und Formen machen die Dinge zu kompliziert.

In den folgenden Rezepten finden Sie Tipps, wie Sie das Gericht zum Hauptdarsteller auf dem Teller machen. Die Garnierungen sehen dabei natürlich aus und bereiten nicht zu viel Arbeit. Meist enthalten sie nur Zutaten, die auch im Gericht verwendet werden, beispielsweise Früchte, Kräuter oder Gewürze. Überlegen Sie, wie sich die Farben und Formen der verwendeten Zutaten in Kontrast zum verwendeten Geschirr setzen lassen. Einige Gerichte, beispielsweise aus der modernen asiatischen Küche, lassen sich wunderbar auf eckigen Tellern präsentieren. Mexikanische oder spanische Speisen kommen in glasierten Tonschüsseln sehr gut zur Geltung. Einen italienischen Salat mit Tomaten und Basilikum können Sie gut in einer schlichten grün-weißen Schale servieren. Gerichte aus dem arabischen Raum sollten in orientalisch wirkenden bemalten Schalen und auf gemusterten Platten angerichtet werden.

Wenn Sie sich für die optimale Präsentation Ihrer Gerichte interessieren, sollten Sie sich einmal umschauen und das Angebot an verschiedenen Geschirr-Designs studieren. Mit einer größeren Auswahl an Geschirr haben Sie bald für jedes Gericht den passenden Teller zur Hand.

Die 10 besten Serviertipps

1 Der Teller ist wie ein Bilderrahmen – er sollte zum Gericht passen und es richtig in Szene setzen.

2 Richten Sie Speisen aus bestimmten Ländern auf Geschirr aus der gleichen Region an.

3 Zu buntes Geschirr oder Teller mit auffallenden Mustern lenken schnell von den Speisen ab.

4 Decken Sie den Tisch schlicht und elegant ein. So kommen die von Ihnen kreierten Gerichte am besten zur Geltung.

5 Kerzen schaffen bei einem Abendessen eine warme Atmosphäre. Auch marokkanische Lampen aus farbigem Glas oder asiatische Papierlaternen schaffen eine wunderbare Stimmung.

6 Besonders schön wirkt es, wenn sich eine oder mehrere Farben auf den Servietten, in der Blumendekoration usw. wiederholen. Sie können den Tisch beispielsweise mit einer weißen Tischdecke und blau-weißen Servietten eindecken und mit blauen und weißen Blumen dekorieren.

7 Beseitigen Sie jegliche Fingerabdrücke und Saucenspritzer vom Tellerrand. In Restaurants verwendet man dafür ein sauberes Tuch, das kurz in eine Wasser-Essig-Mischung getaucht wird. Die Säure beseitigt das Fett, sodass es nicht auf dem Teller verschmiert wird.

8 Platzieren Sie das Gericht immer in der Mitte des Tellers. Auch sollten die Speisen nach Möglichkeit zur Mitte hin etwas höher geschichtet werden. Sie müssen nicht den Schiefen Turm von Pisa nachbauen, aber das Gericht sollte auf dem Teller mittig etwas an Höhe gewinnen.

9 Wenn Sie verschiedene Gerichte für ein Buffet oder zum Grillen bereitstellen, sollten Sie diese lieber auf Servierplatten statt in großen Schüsseln anrichten. Es ist einladender, sich etwas von einer Servierplatte auf den Teller zu heben statt aus einer halbvollen großen Schüssel.

10 Wenn Sie ein Buffet zusammenstellen, variieren Sie die Höhe der Teller und Schüsseln, um die Gerichte besser ins Blickfeld zu rücken. Sie können zum Beispiel eine umgedrehte Schüssel oder ein Buch unter der Tischdecke platzieren und als „Podest“ für eine Servierplatte verwenden.

Die 10 besten Garniertipps

1 Einfache Farbkontraste lenken den Blick am besten auf die Speisen. Rot und Weiß oder Orange und Weiß sind zum Beispiel sehr wirkungsvoll.

2 Die verschiedenen Zutaten in einem Gericht sollten möglichst in verschiedene Formen geschnitten werden. Ein Obstsalat aus der Dose sieht meist unappetitlich aus, weil alle Zutaten in gleich große Würfel geschnitten sind. Variieren Sie also, vor allem bei Salaten, die Größe und Form der verwendeten Zutaten. Das sieht sehr viel ansprechender aus.

3 Verwenden Sie stets eine ungerade Anzahl an Zutaten auf dem Teller, also drei oder fünf Jakobsmuscheln und nicht vier. Eine ungerade Anzahl erhöht die Aufmerksamkeit und regt das Hirn aufgrund der Asymmetrie an.

4 Verwenden Sie fürs Garnieren Zutaten, die auch in dem Gericht verwendet werden. Beispielsweise gehackte Nüsse oder Granatapfelkerne, gehackte Minze oder Korianderblätter.

5 Bevorzugen Sie Zutaten mit leuchtenden Farben, z. B. Rote Bete, Kürbis, Süßkartoffel sowie farbige Gewürze wie Safran und Kurkuma.

6 Mit frischen Kräutern, beispielsweise Basilikumblättern, können Sie selbst aromatische Öle und Dressings herstellen.

7 Wenn Sie Dressings und Saucen in kleine Kunststoffflaschen füllen, können Sie sie mit einer Handbewegung exakt dosiert auf dem Gericht verteilen.

8 Die natürliche Form der Zutaten sollte immer zur Geltung kommen. Schneiden Sie die Zutaten also nicht zu klein. So sollten beispielsweise geschmorte Pilze und Spargelstangen im Ganzen, Fenchel in großen Scheiben und Feigen halbiert serviert werden.

9 Das einzelne Gericht sollte aus möglichst wenigen Zutaten bestehen. So kommt das Aroma der einzelnen Zutaten am besten zur Geltung.

10 Etwas Honig, Karamell oder Öl als Zutat einer Sauce oder eines Dressings können dem Gericht einen wundervollen Glanz verleihen. Sauce oder Dressing sollten immer erst unmittelbar vor dem Servieren auf dem Gericht verteilt werden.

Menüvorschläge

Hier habe ich zwei Beispiele für ein perfektes Menü zusammengestellt.
Farbe, Konsistenz und Zutaten sind in diesen Menüs wunderbar aufeinander abgestimmt. Vorspeise und Hauptspeise sind so ausgewählt, dass sie noch Platz für ein Dessert lassen. Bei beiden Menüs können einige Komponenten schon im Voraus zubereitet werden, was ein gutes Zeitmanagement garantiert.

Menü 1

Vorspeise

Salat aus gegrillter Feige & Fenchel mit Ziegenkäse & Mandeln

Hauptgang

Sautierte Jakobsmuscheln mit Minze-Chili-Dressing

Dessert

Zitruscreme mit Vanille-Aprikosen & Pistazienplätzchen

Menü 2

Vorspeise

Kirschtomaten-Tarte mit Kräuter-Pistou

Hauptgang

Stubenküken mit Sauerkirschfüllung

Dessert

Heiße Schokoladentörtchen mit kandierter Orangenschale

Die Gänge

Der Hauptgang

An die Vorspeise knüpft der Hauptgang an. Er sollte reichhaltig, dabei jedoch nicht zu fettig oder zu schwer zu sein. Fisch- und Fleischgerichte werden meist mit knackigem Gemüse und einer Sauce serviert. Die verschiedenen Aromen und optischen Kontraste sollten gut kombiniert und durchdacht sein. Mit dem Anrichten legen Sie fest, wie und in welcher Reihenfolge Ihre Gäste die servierten Gerichte verspeisen werden. Richten Sie auf den Tellern immer nur eine ungerade Anzahl von Zutaten an, denn das wirkt für Auge und Gehirn stimulierender. Verschiedenfarbige Trockenfrüchte oder Nüsse setzen als Garnierung schöne Akzente. Eine Honigglasur verleiht Fleisch und Gemüse einen luxuriösen Glanz. Zwischen dem Abräumen der Vorspeisenteller und dem Servieren der Hauptspeise sollten etwa 25 Minuten liegen. Denken Sie daran, dass weniger oft mehr ist, und überfüllen Sie die Teller nicht. Ihre Gäste sollten sich angenehm gesättigt fühlen und noch Appetit auf das Dessert haben.

Die Vorspeise

Die Vorspeise ist der erste Gang, den Ihre Gäste zu sehen und zu schmecken bekommen. Aus diesem Grund sollte sie zugleich schlicht, aber eindrucksvoll sein und Erwartungen auf das vermitteln, was noch folgen wird. Mit dem ersten Bissen müssen Sie Ihre Gäste für sich gewinnen. Die Präsentation der Vorspeise ist daher für den Erfolg des Menüs von höchster Bedeutung. Wenn Sie die Garniertipps in diesem Kapitel (siehe Seite 18) befolgen, werden Sie Ihre Gäste sofort für Ihr Menü einnehmen können. Achten Sie immer darauf, dass die gute Qualität, natürliche Form und Farbe der Zutaten gut zur Geltung kommen. Vorspeisen sollten spannend, appetitanregend und wunderschön anzuschauen sein. Wenn dies gelingt und die Vorspeise darüber hinaus mit verschiedenen ausgewogenen Aromen die Geschmacksknopsen anspricht, steht einem gelungenen Menü nichts mehr im Weg.

Das Dessert

Der krönende Abschluss eines perfekten Mahls ist das Dessert. Es sollte leicht, aber voller Aromen sein. Es ist wichtig, dass sich im Dessert die Farben, Konsistenz und Zutaten der ersten beiden Gänge nicht wiederholen. Die Präsentation des Desserts wird Ihren Gästen im Gedächtnis bleiben. Früchte, Nüsse und Gewürze können vielseitig verwendet werden. Zum Garnieren können Sie auch ganze Gewürzestücke, beispielsweise Sternanis oder Zimtstangenstücke, verwenden. In große Stücke gebrochenes hauchdünnes Karamell mit ganzen Nüssen kann wie ein abstraktes Kunstwerk wirken. Mit außergewöhnlichen Farben und Formen von Früchten können Sie zusätzliche Akzente setzen. Säfte, Honig und Karamell eignen sich hervorragend zum Glasieren eines Desserts. So erhält es einen wunderschönen eleganten Glanz. Sie müssen keine komplizierten Desserts zubereiten, um eine große Wirkung zu erzielen. Ein schlichter, eleganter Abschluss des Menüs ist ideal.

Grundrezepte

Salat aus schwarzen Oliven & eingelegter Zitrone mit Petersilie

ZUTATEN

2 Zitronen
3 EL grobes Steinsalz
4 EL natives Olivenöl extra
80 g entsteinte schwarze Oliven, grob gehackt
Saft von 1 Zitrone
1 EL Rotweinessig
1 frische rote Chili, entkernt und fein gehackt
1 Fenchelknolle, in dünne Scheiben geschnitten
20 frische Basilikumblätter
20 frische Minzeblätter
1 kleines Bund frische glatte Petersilie, Stiele entfernt
1 Handvoll Rucola
Salz und Pfeffer

1 Zitronen und Salz in einen kleinen Topf geben. Mit kaltem Wasser bedecken, aufkochen und 12 Minuten köcheln lassen, bis sich die Zitronen leicht mit einem Messer einstechen lassen. Abgießen und die Zitronen unter fließend kaltem Wasser abschrecken.

2 Die Zitronen halbieren. Mit einem scharfen Messer das gesamte Fruchtfleisch und das weiße Innere von der Schale entfernen. Dann die Zitronenschale in rautenförmige Stücke schneiden, in ein luftdicht verschließbares Glas geben und mit der Hälfte des Olivenöls bedecken. Die eingemachte Zitronenschale hält sich bis zu 6 Wochen im Kühlschrank.

3 Für den Salat die eingelegte Zitronenschale fein hacken und mit Oliven, Zitronensaft, dem restlichen Olivenöl, Essig und Chili in einer Schüssel vermengen. Dann die Fenchelscheiben unterrühren. Mit Salz und Pfeffer abschmecken; dabei beachten, dass Salz schon in der Zitronenschale und in den Oliven enthalten ist.

4 Die frischen Kräuter und den Rucola erst unmittelbar vor dem Servieren über dem Salat verteilen, damit sie nicht einfallen.

Dieser Salat passt gut zu Fischgerichten. Sie können die Zutaten auch fein hacken und als Füllung für Hähnchen oder Fisch verwenden.

Tomaten-Chili-Chutney

ZUTATEN

4 Knoblauchzehen, geschält
8 frische rote Chillies, entkernt
100 g geriebene Ingwerwurzel
6 frische Korianderwurzeln, fein gehackt
Olivenöl, zum Dünsten
2 Zwiebeln, fein gehackt
120 g Rohrohrzucker
16 Tomaten
2 EL Fischsauce
Saft von 2 Limetten
Salz und Pfeffer

1 Knoblauch und Chillies hacken. Mit Ingwer und Korianderwurzeln in die Küchenmaschine geben und alles zu einer groben Paste verarbeiten.

2 Etwas Olivenöl in einen Topf geben und bei mittlerer Hitze erwärmen. Die Gewürzpaste zugeben und 3–4 Minuten unter Rühren andünsten, bis sie anfängt zu duften. Zwiebeln und Zucker einrühren und kurz köcheln lassen. In der Zwischenzeit die Tomaten halbieren, mit der Hautseite in die Hand nehmen und das Fruchtfleisch über eine Reibe führen. (Dies ist eine schnelle Methode, Tomatenpüree herzustellen. Die Tomatenhaut bleibt dabei in ihrer Hand zurück und kann entsorgt werden.)

3 Tomatenpüree und Fischsauce in den Topf geben und alles 20–25 Minuten unter Rühren einkochen lassen, bis eine dicke, sirupartige Masse entsteht. Den Limettensaft einrühren und alles kräftig mit Salz und Pfeffer würzen. Den Topf vom Herd nehmen. Beim Abkühlen dickt die Mischung weiter an. Das Chutney sollte scharf, süß, salzig und sauer schmecken. Es kann zu den verschiedensten Gerichten serviert werden – vom Grillhähnchen bis zum Rührei – und kann auch als Basis für Dressings verwendet werden.

Basilikumöl

ZUTATEN

100 g frische Basilikumblätter
1 Prise Zucker
1 Prise Salz
200 ml Olivenöl

Einen Topf mit Wasser füllen und dieses aufkochen lassen. Eine Schüssel mit Eiswasser bereitstellen. Die Basilikumblätter 5 Sekunden im kochenden Wasser blanchieren, mit einem Schaumlöffel herausheben und im Eiswasser abschrecken. Abgießen, die Blätter gut abtropfen lassen und mit den Händen so viel Flüssigkeit wie möglich ausdrücken. Mit Zucker und Salz in die Küchenmaschine geben und zu einer glatten Mischung verarbeiten. Bei laufendem Motor nach und nach das Olivenöl in einem dünnen Strahl zugießen. Die Mischung in eine Schüssel füllen und 20 Minuten ziehen lassen. Ein Sieb mit einem Musselintuch auslegen, das Basilikumöl hineingießen und in eine Schüssel abseihen. Das Öl in eine Kunststoff- oder Glasflasche füllen. Es hält sich im Kühlschrank bis zu 1 Woche.

Aromatische Räuchergarnelen

Zutaten

300 g rohe Garnelen, ausgelöst, Darmfäden entfernt und längs halbiert

Marinade

2 TL Rohrohrzucker
2 EL helle Sojasauce
Saft von 1 Limette
Pfeffer

Räuchermischung

120 g Jasminreis
50 g Jasmintee
2 Stängel Zitronengras, grob gehackt
2-cm-Stück Ingwerwurzel, grob gehackt
3 EL Rohrohrzucker
100 g Kokosraspel
4 Sternanise
2 Zimtstangen
1 EL Fenchelsamen, zerdrückt
1 EL Koriandersamen, zerdrückt

1 Für die Marinade alle Zutaten in einer Schüssel verrühren. Die Garnelenhälften zugeben und gut vermengen. Einen großen Wok mit zwei Lagen Alufolie vollständig auslegen. Die Zutaten für die Räuchermischung gut vermengen und in die Mitte des Woks geben. Einen Grillrost oder großen Dämpfaufsatz auf den Wok legen und die Garnelen darauf platzieren. Den Wok bedecken.

2 Bei mittlerer Hitze die Räuchermischung karamellisieren lassen. Die Garnelen etwa 10 Minuten räuchern; dabei einmal wenden. Sobald die Garnelen gar sind, den Wok vom Herd nehmen und die Garnelen auf einem Teller abkühlen lassen.

Durch das Räuchern erhalten die Garnelen ein wunderbar feines Aroma. Auf die gleiche Weise lassen sich auch fettreiche Fischfilets, beispielsweise Makrelen-, Snapper-, Lachs- oder Forellenfilets räuchern. Die Garnelen oder Fischfilets lassen sich sehr gut im Voraus zubereiten und halten sich im Kühlschrank bis zu 4 Tagen. Sie sind eine wunderbare Zutat für Salate und andere leichte Gerichte.

Frische Pasta

ZUTATEN

275 g Weizenmehl (Type 405), plus etwas mehr zum Bestäuben
275 g feiner Hartweizengrieß
1 Prise Salz
3 Bio-Eier (Größe L)
7 Eigelb
1 EL Olivenöl

1 Mehl, Grieß und Salz auf eine saubere Arbeitsfläche geben. Eine Vertiefung in die Mitte drücken und Eier, Eigelb und Olivenöl hineingeben. Mit einer Gabel die Eier vorsichtig verrühren und nach und nach das Mehl von den Rändern in die Mitte einarbeiten. Alles so lange mit der Gabel verrühren, bis ein Teig entstanden ist, der sich mit den Händen gut verarbeiten lässt. Den Teig nun so lange kneten, bis er fest und elastisch geworden ist. Dann den Teig in 5 Portionen teilen, diese in Frischhaltefolie einschlagen und für 30 Minuten in den Kühlschrank stellen.

2 Wenn Sie im Besitz einer Nudelmaschine sind, können Sie nun nach Belieben aus dem Teig dünne Nudeln herstellen. Sie können natürlich auch mit einem Nudelholz arbeiten, dies erfordert jedoch ein wenig mehr Zeit und Mühe. Dazu rollen Sie in Schritt 3 den Teig nicht mit der Nudelmaschine, sondern auf der Arbeitsfläche mit einem Nudelholz sehr dünn aus.

3 Je 1 Teigstück flach drücken und von beiden Seiten mit 1 Prise Mehl bestäuben. Die Nudelmaschine auf breiteste Stufe stellen und den Teig hindurchrollen. Den Teig nun zusammenfalten erneut leicht mit Mehl bestäuben und durch die Nudelmaschine drehen. Den Vorgang 4-mal wiederholen; dabei den Teig immer wieder zusammenfalten. Dadurch erhalten die Nudeln eine gute Konsistenz. Nun die Maschine eine Stufe enger stellen und den Teig 2-mal durchdrehen. Eine weitere Stufe enger stellen und den Teig erneut 2-mal ausrollen. Aus den entstandenen Teigplatten können Sie nun jede Art von Pasta herstellen.

Pfannkuchen

ZUTATEN

300 g Mehl
2 Eigelb
2 EL Olivenöl
500 ml Milch
Salz und Pfeffer

1 Das Mehl in eine große Schüssel sieben und eine Vertiefung in die Mitte drücken. Eigelb, Salz, Pfeffer und Olivenöl hineingeben. Das Mehl nun von den Rändern einarbeiten, bis ein Teig entsteht.

2 Die Milch unter Rühren mit einem Schneebesen zugießen. Falls der Teig zu klumpig ist, kann er durch ein Sieb in eine saubere Schüssel gestrichen werden. Der Teig sollte eine sehr dickflüssige Konsistenz haben. Die Schüssel abdecken und den Teig für 30 Minuten in den Kühlschrank stellen. Dann in einer Pfanne zu Pfannkuchen ausbacken.

Béchamelsauce

ZUTATEN

1 EL Butter
1 EL Mehl
250 ml Milch
frisch geriebene Muskatnuss, nach Belieben
Salz und Pfeffer

1 Die Butter in einem kleinen Topf zerlassen. Sobald sie anfängt zu schäumen, das Mehl einstreuen und unter Rühren 3–4 Minuten anschwitzen.

2 Nach und nach unter Rühren die Milch zugießen und darauf achten, dass sich keine Klümpchen bilden. Aufkochen, dann die Hitze sofort auf die geringste Stufe reduzieren und die Sauce 10 Minuten unter Rühren köcheln lassen; dabei darauf achten, dass die Sauce nicht anbrennt. Nach Belieben mit Muskatnuss sowie Salz und Pfeffer würzen.

Schwarze Oliventapenade

ZUTATEN

50 g entsteinte schwarze Oliven
1 EL Kapern in Salzlake
1 Knoblauchzehe, fein gehackt
1 Prise Chilipulver
1 EL Rotweinessig
4 EL natives Olivenöl extra
20 frisch gehackte Minze- oder Petersilienblätter
Salz und Pfeffer

1 Oliven und Kapern grob hacken. Knoblauch, Chilipulver und etwas Salz zu einer groben Paste verarbeiten. Die Olivenmischung zugeben und alles so lange im Mörser verarbeiten, bis die gewünschte Konsistenz erreicht ist.

2 Essig und Öl zugießen und alles mit Salz und Pfeffer abschmecken.

3 Die Kräuter erst unmittelbar vor dem Servieren unterheben, damit sie nicht in sich zusammenfallen.

Wenn Sie die Tapenade in der Küchenmaschine herstellen, wird sie sehr flüssig. Das Hacken und verarbeiten im Mörser sorgt für eine bessere Konsistenz. Wenn Sie die Tapenade in einen luftdicht verschließbaren Behälter füllen, hält sie sich einige Wochen im Kühlschrank. Die Tapenade eignet sich nicht nur als Dip, sondern auch für Füllungen, Saucen und Nudelgerichte.

Salsa verde

ZUTATEN

2 EL gesalzene Kapern, abgespült und abgetropft
1 Knoblauchzehe, geschält
4 Sardellenfilets
1 TL Dijon-Senf
20 frische Basilikumblätter, gehackt
20 frische Minzeblätter, gehackt
20 frische glatte Petersilienblätter, gehackt
Saft von 1/2 Zitrone
2 EL roter Weinessig
3 EL Olivenöl
Salz und Pfeffer

1 Kapern, Knoblauch und Sardellen in einen Mörser oder in die Küchenmaschine geben und zu einer glatten Paste verarbeiten. Zuerst den Senf, dann die Kräuter zufügen und nochmals pürieren.

2 Zitronensaft und Essig zugießen, dann das Olivenöl unterrühren. Mit Salz und Pfeffer abschmecken.

Die Salsa verde zu gegrilltem Fisch oder Lammfleisch servieren.

Kapitel eins

Vorspeisen

Risotto mit Erbsen, Minze & Spargel

ZUTATEN

- 4 Scheiben Pancetta
- 4 EL Butter
- 1 Zwiebel, fein gehackt
- 2 Selleriestangen, in kleinen Würfeln
- 1,2 l Hühnerbrühe
- 12 Stangen grüner Spargel, Spitzen abgeschnitten (beiseitelegen) und Stangen in dünne Scheiben geschnitten
- 350 g frische Erbsen oder Tiefkühlware aufgetaut
- 30 frische Minzeblätter
- 350 g Arborio-Reis
- 150 ml Weißwein
- Salz und Pfeffer
- 50 g frisch geriebener Parmesan

Zum Garnieren

- 8 Scheiben Pancetta
- 50 g frische Parmesanspäne
- frisch gehackte Minze

Dieser Risotto mit zartem Frühlingsgemüse hat eine satte grüne Farbe. Es wird mit Parmesanspänen und knuspriger Pancetta garniert, die in Farbe und Konsistenz einen schönen Kontrast zum weichen Risotto bilden.

Für 6 Personen

1 Den Backofengrill vorheizen. Für die Garnierung die 8 Pancetta-Scheiben auf ein Backblech legen und unter einmaligem Wenden goldbraun und knusprig grillen. Auf Küchenpapier legen, abtropfen lassen und in je 3 Teile schneiden. Beiseitestellen.

2 Für den Risotto die 4 Pancetta-Scheiben in feine Streifen schneiden. Die Hälfte der Butter in einem großen Topf zerlassen und die Pancetta-Streifen darin goldbraun braten. Zwiebel und Sellerie zugeben, die Hitze reduzieren und alles 10 Minuten unter Rühren andünsten. Die Brühe in einen weiteren Topf geben und aufkochen.

3 In der Zwischenzeit Spargelscheiben (ohne die Spitzen), Erbsen und die Hälfte der Minze in die Küchenmaschine geben und kurz grob zerkleinern.

4 Den Reis zur Zwiebelmischung in den Topf geben und unter Rühren glasig dünsten. Mit dem Wein ablöschen und so lange rühren, bis der Reis die Flüssigkeit vollständig aufgesogen hat. Mit Salz und Pfeffer würzen.

5 1 Esslöffel heiße Brühe beiseitestellen. Die restliche Brühe nach und nach unter den Reis rühren; dabei erst weitere Brühe zugeben, sobald der Reis die Flüssigkeit vollständig aufgesogen hat. Nach etwa 20 Minuten Garzeit sollte der Risotto eine cremige Konsistenz angenommen haben und noch leicht bissfest sein. Der Risotto sollte die ganze Zeit über gerührt werden, damit er nicht anbrennt.

6 Die Spargel-Erbsen-Mischung zusammen mit der zurückbehaltenen Brühe in den Risotto rühren. Nun die Spargelspitzen zugeben, verrühren und den Topf vom Herd nehmen. Die restliche Butter sowie den geriebenen Parmesan unterheben und alles mit Salz und Pfeffer abschmecken.

7 Den Risotto auf Servierteller verteilen und mit Parmesanhobeln, gehackter Minze und je 4 knusprigen Pancetta-Stücken garnieren. Da das Risotto nachgart, sollte es sofort serviert werden, damit der Reis nicht zu weich wird.

Pikante Fischsuppe mit Kurkuma

Zutaten

1 Bund frischer Koriander
2 frische rote Chillies, entkernt und fein gehackt, plus etwas mehr zum Garnieren
5-cm-Stück Ingwerwurzel, fein gehackt
2 Knoblauchzehen, fein gehackt
2 Zwiebeln, fein gehackt
2 Karotten, fein gehackt
1 EL Kreuzkümmelsamen
1 EL Koriandersamen
2 EL Pflanzenöl
2 grüne Kardamomkapseln
1 Zimtstange
2 TL gemahlene Kurkuma
2 TL Rohrohrzucker
800 g festes Weißfischfilet
1 l Fischfond
300 g schnittfeste Kokoscreme (in gut sortierten Supermärkten und Asia-Shops erhältlich)
75 g Cashewkerne
Saft von 2 Limetten
Salz und Pfeffer

Diese gelbgrün leuchtende Fischsuppe ist eine wunderbare Vorspeise. Sie enthält reichlich Koriander, gehackte rote Chili sowie frisch geröstete Cashewkerne. Dieses Gericht ist wahrlich ein Fest für die Sinne.

Für 4–6 Personen

1 Den Koriander fein hacken und beiseitestellen. Chillies, Ingwer, Knoblauch, Zwiebeln und Karotten in die Küchenmaschine geben und zu einer glatten Paste verarbeiten; bei Bedarf ein wenig Wasser zugeben. Kreuzkümmel- und Koriandersamen in einem Mörser zerstoßen.

2 1 Esslöffel Öl in einem großen Topf bei mittlerer Hitze erwärmen und die Kreuzkümmelmischung darin andünsten. Kardamom und Zimtstange zugeben und alles weitere 2 Minuten dünsten, bis die Mischung zu duften beginnt. Chilimischung, Kurkuma und Zucker einrühren, die Hitze reduzieren und alles 10–12 Minuten köcheln lassen.

3 In der Zwischenzeit die Fischfilets in mundgerechte Stücke schneiden. Fond und Kokoscreme zu der Gewürzmischung in den Topf geben und alles weitere 10 Minuten köcheln lassen.

4 Die Cashewkerne in einer Pfanne 3–4 Minuten trocken rösten, auf einen Teller geben und abkühlen lassen.

5 Den Limettensaft in die Suppe rühren und alles mit Salz und Pfeffer abschmecken. Die Suppe sollte leicht süßlich nach Kokosnuss und Karotte schmecken, dabei eine leichte Schärfe von der Chili und eine leichte Säure vom Limettensaft erhalten.

6 Die Fischstücke mit Salz und Pfeffer würzen, in die Suppe geben und 4 Minuten köcheln lassen. Dann die Hälfte des Korianders einrühren.

7 Die Suppe nun auf Suppenschalen verteilen und mit reichlich gehacktem Koriander sowie Chili bestreuen. Die Cashewkerne grob hacken und ebenfalls über die Suppenportionen streuen. Diese Suppe ist sehr cremig und gehaltvoll.

Die in der Suppe enthaltenen Farben Gelb, Weiß, Grün und Rot sind ein echter Blickfang. Ich serviere die Suppe am liebsten in einfachen weißen Suppenschalen. Ihre Gäste werden von diesem gelungenen Menü-Auftakt begeistert sein.

Gurkensalat mit Räuchergarnelen, Minze & Erdnüssen

ZUTATEN

2 Salatgurken
100 g abgezogene Erdnüsse, plus etwas mehr zum Garnieren
2 mittelscharfe frische grüne Chillies, entkernt und fein gehackt
1 Prise Salz
4 EL Limettensaft
2 EL Orangensaft
1 Prise schwarzer Pfeffer
2 EL Fischsauce
2 Stängel Zitronengras
4 Frühlingszwiebeln
1 Portion Räuchergarnelen (siehe Seite 24)
20 frische Minzeblätter, plus etwas mehr zum Garnieren
1 Handvoll frischer Koriander, plus etwas mehr zum Garnieren

Dieser Salat wird, typisch asiatisch, mit Minze und Koriander garniert, die farblich zu den grünen Gurken und Frühlingszwiebeln passen. Durch das Räuchern erhalten die Garnelen eine leicht gelborange Farbe. Die verschiedenen Formen der Zutaten bilden bei diesem Salat einen echten Blickfang.

Für 4–6 Personen

1 Den Backofen auf 180 °C vorheizen. Die Gurken in dünne Scheiben schneiden. Die Scheiben nun aufeinanderlegen und in dünne Stifte schneiden.

2 Die Erdnüsse auf ein Backblech verteilen und 3–4 Minuten im Ofen rösten; dabei nicht zu dunkel werden lassen, sonst werden die Erdnüsse schnell bitter. Chillies und Salz im Mörser zu einer Paste verarbeiten. Limetten- und Orangensaft sowie Pfeffer und Fischsauce zugeben. Alles gut verrühren. Das Dressing sollte sauer, scharf und salzig schmecken.

3 Die äußeren harten Blätter vom Zitronengras entfernen und das Innere fein hacken. Die Frühlingszwiebeln in feine Ringe schneiden. Die Räuchergarnelen in eine Schüssel geben, das Chilidressing darübergießen und alles 2 Minuten ziehen lassen. Gurkenstifte, Erdnüsse, Chilidressing, Zitronengras, Frühlingszwiebeln, Minze und Koriander zugeben.

4 Den Salat nun vorsichtig vermengen und mit Erdnüssen, Koriander und Minze garnieren.

Für diesen herrlich raffinierten Salat können Sie auch andere Meeresfrüchte oder Fischfiletstreifen verwenden. Die leicht süßlichen Räuchergarnelen verleihen ihm jedoch ein ganz besonderes Aroma. Die Gurkenstifte nehmen den kräftigen Geschmack des Dressings an und bilden einen schönen Kontrast zu den Garnelen.

Meeresfrüchtepäckchen mit Koriander-Kokos-Chutney

ZUTATEN

12 Riesengarnelen, ausgelöst und Darmfäden entfernt
1 kg frische Miesmuscheln, abgebürstet und Bartfäden entfernt
8 Jakobsmuscheln
400 g festes Weißfischfilet, z. B. Red Snapper, gehäutet und in Würfel geschnitten
Pflanzenöl, zum Einfetten
Salz und Pfeffer

Koriander-Kokos-Chutney
100 g Kokosraspel
2 TL Koriandersamen
1 Knoblauchzehe, fein gehackt
2,5-cm-Stück Ingwerwurzel, gehackt
1/2 TL Salz
1 frische grüne Chili, entkernt und fein gehackt
1 Bund frischer Koriander, plus etwas mehr zum Garnieren
90 g schnittfeste Kokoscreme (in gut sortierten Supermärkten und Asia-Shops erhältlich)
Saft von 1 Limette

Dieses Gericht erhält seinen besonderen Charme dadurch, dass jeder Gast ein kleines Päckchen serviert bekommt, dessen Inhalt erst entdeckt werden muss. Die Meeresfrüchte werden zunächst mit dem aromatischen grünen Chutney vermengt und dann gebacken. Der Kontrast der Farben und Aromen machen dieses Gericht zu einer perfekten Vorspeise.

Für 4 Personen

1 Für das Chutney die Kokosraspel in eine hitzebeständige Schüssel geben und mit kochendem Wasser übergießen. Etwa 40 Minuten ziehen lassen. In der Zwischenzeit die Koriandersamen in einer Pfanne 2 Minuten trocken rösten.

2 Dann die Koriandersamen im Mörser zerstoßen und mit Knoblauch, Ingwer und Salz in die Küchenmaschine geben. Alles zu einer groben Paste verarbeiten und zum Schluss die Chili unterrühren. Die Kokosraspel abgießen und das Wasser dabei auffangen. Kokosraspel und zwei Drittel der Korianderblätter in die Küchenmaschine geben und zu einer glatten Paste verarbeiten. Etwas von dem zurückbehaltenen Kokoswasser einrühren, damit die Paste nicht zu dick wird.

3 Die Paste nun in eine Schüssel füllen und Kokoscreme und Limettensaft unterrühren. Das Chutney sollte scharf, süß und etwas sauer schmecken.

4 Anstatt Miesmuscheln, Jakobsmuscheln und Weißfisch können Sie auch andere Kombinationen an Fischfilet und Meeresfrüchten verwenden. Die Fischfilets sollten vollständig entgrätet werden. Beschädigte Muscheln und Exemplare, die sich beim Gegenklopfen nicht schließen, sofort aussortieren.

5 4 große Lagen Backpapier oder Alufolie jeweils einmal über der Mitte falten, sodass eine doppelte Lage entsteht. Dann die beiden kurzen Seiten jeweils mehrfach einfalten, sodass sie fest verschlossen sind. So entstehen 4 Taschen mit einer offenen Seite. Die Taschen innen mit Öl einpinseln. Fisch und Meeresfrüchte mit Salz und Pfeffer würzen.

6 Den Backofen auf 200 °C vorheizen. Meeresfrüchte und Chutney in einer Schüssel vermengen, in die Backpapiertaschen füllen und diese durch mehrmaliges Falten fest verschließen. Diese Päckchen können Sie auch schon einige Stunden vor dem Backen zubereiten und bis zum Garen im Kühlschrank aufbewahren. Zwei Backbleche vorheizen und je 2 Päckchen auf 1 Backblech geben. Etwa 10 Minuten im Ofen backen.

7 Die Päckchen auf Servierteller verteilen. Ihre Gäste dürfen die Päckchen nun selbst öffnen, damit sie das volle Aroma genießen können. Beachten Sie jedoch, dass heißer Dampf aus den Taschen entweicht. Nach dem Öffnen der Päckchen das Gericht nach Belieben mit etwas Koriander garnieren.

Salat aus gegrillter Feige & Fenchel mit Ziegenkäse & Mandeln

ZUTATEN

2 Fenchelknollen
6 reife Feigen, halbiert
Olivenöl, zum Beträufeln
1 Granatapfel
200 g Ziegenkäse
50 g Parmesan
75 g abgezogene Mandeln oder Pinienkerne
200 g Rucola oder Brunnenkresse (oder eine Mischung aus beiden), geputzt
20 frische Minze- oder Basilikumblätter (oder eine Mischung aus beiden)
Salz und Pfeffer

Dressing
Saft und abgeriebene Schale von 1 Zitrone
3 EL Balsamico-Essig
3 EL natives Olivenöl extra
Salz und Pfeffer

Die verschiedenen Rottöne neben dem weißen Ziegenkäse bringen dieses Gericht zum Leuchten. Die Granatapfelkerne wirken auf dem Teller wie kleine Edelsteine und geben diesem Gericht eine wunderbare Optik.

Für 4–6 Personen

1 Eine Grillpfanne vorheizen. Die Fenchelknollen halbieren und die härteren äußeren Blätter entfernen. Jede Hälfte in 6 Scheiben anschneiden, dabei jedoch nicht ganz durchschneiden, sodass die Scheiben an der Wurzel noch verbunden sind.

2 Fenchelhälften und Feigen in eine Schüssel geben, mit etwas Olivenöl beträufeln und mit Salz und Pfeffer würzen. Die Fenchelhälften in einer heißen Grillpfanne von jeder Seite 2 Minuten grillen und herausnehmen. Nun die Feigenhälften von jeder Seite 1 Minute grillen und die Pfanne vom Herd nehmen.

3 Für das Dressing alle Zutaten in einer Schüssel verrühren. Die noch warmen Feigen- und Fenchelstücke zugeben und vorsichtig vermengen.

4 Um die Granatapfelkerne auszulösen, die Frucht in eine Hand nehmen und über einen Teller halten. Mit einem Holzlöffel rundherum auf die Frucht klopfen. Dann die Frucht mit einem scharfen Messer halbieren. Hierbei läuft viel Saft aus. Jede Hälfte über den Teller halten und mit einem Holzlöffel fest auf die Granatapfelhaut klopfen. Die Kerne fallen nun aus der weißen bitteren Innenhaut.

5 Den Backofen auf 200 °C vorheizen. Den Ziegenkäse zerkrümeln und den Parmesan hobeln. Die Mandeln auf einem Backblech verteilen im im Ofen goldbraun rösten.

6 Rucola, Ziegenkäse, Fenchel und Feigen auf Serviertellern anrichten und mit Granatapfelkernen, Mandeln und Parmesanhobel bestreuen.

Dieser Salat bietet eine wunderbare Kombination der verschiedensten Konsistenzen und Aromen. Feigen und Fenchel schmecken leicht süß, der Parmesan sorgt für eine salzige Komponente und Balsamico sowie Zitrone verleihen dem Salat noch etwas Säure. Sollten Sie nur sehr reife Feigen erhalten, brauchen Sie diese nicht mehr in der Pfanne zu grillen.

Marinierter und gebackener Ricotta mit Röstgemüse & Zitronen-Basilikum-Dressing

ZUTATEN

2 Portionen Ricotta (à 200 g)
2 Süßkartoffeln, in 3 cm große Würfel geschnitten
Olivenöl
1 kleiner Butternusskürbis, geschält und in 3 cm große Würfel geschnitten
2 Fenchelknollen
75 g Pinienkerne
2 Handvoll Rucola
Salz und Pfeffer

Marinade
1/2 frische rote Chili
3 EL Olivenöl
Saft von 1 Zitrone

Dressing
1/2 Knoblauchzehe, fein gehackt
1 Prise Salz
1 Bund Basilikum, gehackt, plus etwas mehr zum Garnieren
Saft und abgeriebene Schale von 1 Zitrone
4 EL natives Olivenöl extra

Dieser Salat wirkt mit seinen leuchtenden Farben sehr appetitlich. Gerösteter Fenchel, Kürbis und Süßkartoffeln treten in Kontrast zum smaragdgrünen Basilikum-Zitronen-Dressing.

Für 6 Personen

1 Den Backofen auf 200 °C vorheizen. Für die Marinade die Chili fein hacken und mit Olivenöl sowie Zitronensaft verrühren.

2 Die Ricotta-Portionen auf einen Teller geben und die Marinade darübergießen. Die Süßkartoffelwürfel mit etwas Öl, Salz und Pfeffer vermengen. In eine Auflaufform geben und etwa 20 Minuten im Ofen garen. Die Kürbiswürfel ebenfalls mit Öl, Salz und Pfeffer vermengen und 20 Minuten im Ofen rösten. Den Fenchel halbieren, die harten äußeren Blätter und Stiele entfernen und das Innere in Scheiben schneiden.

3 Die Pinienkerne auf einem Backblech verteilen und im Ofen goldbraun rösten.

4 Für das Dressing Knoblauch und Salz im Mörser zu einer Paste verarbeiten. Die Paste mit dem Basilikum in die Küchenmaschine geben und fein pürieren. Zitronensaft und -schale zugeben und alles glatt verarbeiten. Das Olivenöl zugießen und alles gut verrühren. Das Dressing sollte sehr sauer und etwas salzig schmecken, um einen Kontrast zu den Gemüsewürfeln zu bilden.

5 Eine ofenfeste Pfanne bei mittlerer Hitze erwärmen. Die Ricotta-Portionen hineingeben und 2–3 Minuten anbräunen. Dann, falls möglich, vorsichtig wenden. Sollte der Käse zu weich sein, nur auf einer Seite bräunen. Den Fenchel um den Käse herum in der Pfanne verteilen und alles mit Salz und Pfeffer würzen. Die Pfanne in den Ofen geben und alles 5 Minuten rösten.

6 Die Süßkartoffel- und Kürbiswürfel leicht abkühlen lassen, in eine Schüssel geben und mit zwei Dritteln des Dressings vermengen. Den Rucola zufügen, dabei große Blätter etwas zerkleinern. Etwas Basilikum darüberstreuen. Dies sollten Sie erst unmittelbar vor dem Servieren durchführen, damit die Kräuter nicht einfallen und ihr Aroma behalten. Den Fenchel nun zugeben und den Ricotta vorsichtig darüberbröseln. Alles sehr vorsichtig vermengen.

7 Jeweils einen Dessertring (8 cm Ø) auf den Serviertellern platzieren und vorsichtig mit dem Röstgemüse und dem Salat füllen. Das restliche Dressing darübergießen und alles mit weiterem Basilikum und Pinienkernen garnieren. Die Ringe entfernen und den Salat servieren. Der Käse bildet einen farblichen Kontrast zu dem Gemüse. Das saure Dressing gibt dem Gericht noch den zusätzlichen Pfiff.

Kirschtomaten-Tarte mit Kräuter-Pistou

Zutaten

2 EL Olivenöl, plus etwas mehr zum Beträufeln
2 Knoblauchzehen, fein gehackt
1 EL fein gehackter frischer Thymian
2 Zwiebeln, fein gehackt
300 g gehackte Tomaten aus der Dose
1 TL Zucker (nach Belieben)
1 ausgerollter ungesüßter Mürbeteigboden (in gut sortierten Supermärkten erhältlich)
Mehl, zum Ausrollen
48–60 Kirschtomaten, halbiert
Salz und Pfeffer

Kräuter-Pistou
4 große vollreife Tomaten
2 Knoblauchzehen, geschält
20 frische Basilikumblätter
2 EL Rotwein- oder Balsamico-Essig
4 EL natives Olivenöl extra
Salz und Pfeffer

Diese kleinen Tartes sind eine tolle Vorspeise für ein Abendessen in den Sommermonaten. Sie können für jeden Gast eine kleine Tarte herstellen oder eine große für alle, die Sie dann wie eine Pizza in Stücke schneiden. Die leuchtend roten Kirschtomaten sind die eigentliche Dekoration des Gerichts und bilden einen schönen Kontrast zum grünen Kräuter-Pistou.

Für 4 Personen

1 Das Olivenöl in einem Topf bei mittlerer Hitze erwärmen. Knoblauch und Thymian zugeben und etwa 2 Minuten darin andünsten, bis sie zu duften beginnen. Die Hitze reduzieren, die Zwiebeln einrühren und 8–10 Minuten glasig dünsten. Die gehackten Tomaten zugeben und alles mit Salz, Pfeffer sowie Zucker abschmecken. Bei weiterhin geringer Hitze zu einem dickflüssigen Püree einkochen lassen. Erneut mit Salz und Pfeffer abschmecken. Das Tomatenpüree sollte süß, leicht salzig und etwas säuerlich schmecken.

2 Für das Kräuter-Pistou die Tomaten halbieren, mit der Hautseite in die Hand nehmen und das Fruchtfleisch über eine Reibe führen. (Die Tomatenhaut bleibt dabei in Ihrer Hand zurück und kann entsorgt werden.) Das Fruchtfleisch mithilfe eines Holzlöffels durch ein Sieb passieren. Knoblauch und 1 Prise Salz im Mörser zu einer Paste verarbeiten. Die Hälfte des Basilikums zugeben und alles glatt verarbeiten. Die passierten Tomaten, Essig, Olivenöl, Salz und Pfeffer zugeben und vermengen.

3 Den Backofen auf 180 °C vorheizen. Den Mürbeteig auf einer leicht bemehlten Arbeitsfläche etwa 3–4 mm dick ausrollen. Mithilfe einer Untertasse 4 Teigkreise aus dem Teig schneiden und diese auf ein mit Backpapier ausgelegtes Blech geben. Mit einer Gabel die Teigkreise mehrfach einstechen. Das Tomatenpüree auf den Teigkreisen verteilen; dabei einen 2 cm breiten Rand frei lassen. Die Kirschtomaten auf dem Tomatenpüree verteilen und gut andrücken.

4 Mit Salz und Pfeffer bestreuen, mit Olivenöl beträufeln und 10 Minuten im Ofen goldbraun backen. Die Tartes mit einem Palettmesser leicht anheben und prüfen, ob auch der Boden eine schöne goldbraune Farbe angenommen hat.

5 Die restlichen Basilikumblätter aufeinanderlegen, fest aufrollen und in feine Streifen schneiden. Die Basilikumstreifen auf den Tartes verteilen. Die Tartes können heiß oder lauwarm serviert werden. Vor dem Servieren mit dem Kräuter-Pistou beträufeln.

Die Aromen sind bei diesen Tartes fein ausbalanciert: Knoblauch und Pfeffer verleihen ihnen etwas Schärfe, der Essig sorgt für die nötige Säure, und die reifen Tomaten schmecken wunderbar süß.

Ravioli mit Kürbis-Ricotta-Füllung

Zutaten

1 kg Butternusskürbis, geschält und in 2,5 cm große Würfel geschnitten
natives Olivenöl extra, zum Backen und Braten
1 Prise Chiliflocken
1/2 TL frisch geriebene Muskatnuss
1 Knoblauchzehe, längs halbiert und in dünne Scheiben geschnitten
4 frische Majoranzweige
200 g Ricotta
abgeriebene Schale und Saft von 1 Zitrone
1 Portion frische Pasta (siehe Seite 25), dünn ausgerollt und in 18 Quadrate mit jeweils 10 cm Länge geschnitten
Mehl, zum Bestäuben
Salz und Pfeffer

Zum Garnieren
40 frische Salbeiblätter
Parmesanspäne

Ravioli sind leichter herzustellen, als man annehmen möchte. Das Resultat ist in jedem Fall beeindruckend. Ihre Gäste werden begeistert sein. Die durchscheinenden dünnen Nudelblätter geben den Blick auf die orange-weiße Füllung frei. Die frittierten Salbeiblätter haben eine kräftig dunkelgrüne Farbe und bilden zusammen mit Parmesanspänen die Garnierung.

Für 4–6 Personen

1 Den Backofen auf 180 °C vorheizen. Die Kürbiswürfel mit etwas Olivenöl, Chili, Muskatnuss, Salz und Pfeffer vermengen. Auf ein Backblech verteilen und 25–30 Minuten im Ofen goldbraun rösten. Aus dem Ofen nehmen und abkühlen lassen.

2 Etwas Öl in einer Pfanne bei mittlerer Hitze erwärmen. Knoblauch und Majoran zugeben und so lange anbraten, bis der Knoblauch eine goldgelbe Farbe angenommen hat. Vom Herd nehmen und abkühlen lassen.

3 Den Ricotta mit Zitronensaft und -schale, Majoran, Knoblauch, Salz und Pfeffer in eine große Schüssel geben. Die Kürbiswürfel zufügen und alles vorsichtig vermengen; dabei darauf achten, dass der Ricotta nicht zu sehr zerfällt. Mit Salz und Pfeffer abschmecken. Die Mischung sollte süßlich, etwas salzig und scharf und leicht säuerlich schmecken.

4 Die Hälfte der Nudelteigquadrate auf eine leicht bemehlte Arbeitsfläche legen und jeweils 2 Teelöffel Füllung darauf verteilen. Die Teigränder mit ein wenig Wasser bestreichen. Auf jedes Teigstück mit Füllung ein weiteres Teigstück legen und die Ränder gut zusammendrücken. Immer nur ein Quadrat auf einmal verarbeiten und die restlichen Teigstücke mit einem feuchten Küchentuch bedecken, damit sie nicht austrocknen. Die Ränder mit etwas Wasser bestreichen und ein weiteres Teigquadrat auf die Ravioli legen und gut andrücken; dabei eventuelle Luftblasen herausdrücken. Die Ravioli auf einen bemehlten Teller legen und bis zum Garen mit einem feuchten Küchentuch bedecken.

5 Salzwasser in einem großen Topf zum Kochen bringen und die Ravioli 3–4 Minuten darin garen. Abgießen und abtropfen lassen. Die Herstellung der Ravioli verlangt etwas Übung. Die Mühe lohnt sich jedoch, da Ihre Gäste von diesem Gericht begeistert sein werden.

6 Für die Garnierung etwas Öl in einem Topf erhitzen. Sobald das Öl heiß ist, die Salbeiblätter hineingeben und etwa 30–40 Sekunden frittieren. Den Topf vom Herd nehmen, die Blätter mit einem Schaumlöffel aus dem Öl heben und auf Küchenpapier abtropfen lassen. Servieren Sie pro Person 3 Ravioli. Diese können Sie mit dem Öl, in dem die Salbeiblätter frittiert wurden, ein wenig beträufeln. Die Ravioli mit frittierten Salbeiblättern und Parmesanhobeln garnieren.

Salat von gegrillter Ente, Orange & Brunnenkresse mit Haselnuss-Vinaigrette

ZUTATEN

2–3 Entenbrüste
100 g Haselnüsse
200 g Brunnenkresse
4 Orangen, filetiert
30 frische Minzeblätter, plus einige Blätter mehr zum Garnieren
4 Schalotten, halbiert und in feine Ringe geschnitten
Salz und Pfeffer

Vinaigrette
4 EL Orangensaft
1 EL frische Thymianblätter
4 EL natives Olivenöl extra
2 EL Rotweinessig
2 EL Haselnuss- oder Walnussöl
Salz und Pfeffer

Dieser Salat ist ein kleines Meisterwerk. Die dunkelgrüne Brunnenkresse, die orangefarbenen Orangenfilets, die goldbraun gerösteten Nüsse und das rosa gegrillte Fleisch lassen Ihnen das Wasser im Mund zusammenlaufen. Durch die Vinaigrette erhalten die Zutaten noch einen zusätzlichen Glanz.

Für 4–6 Personen

1 Den Backofen auf 200 °C vorheizen. Die Entenbrüste von überschüssigem Fett befreien und mit Salz und Pfeffer würzen. Eine Pfanne bei geringer Hitze erwärmen und die Entenbrüste mit der Hautseite nach unten hineingeben. Etwa 15 Minuten garen, bis ein Großteil des Fetts aus der Haut aus der Pfanne gegossen werden kann und die Haut schön knusprig ist.

2 Die Haselnüsse auf einem Backblech verteilen und etwa 5 Minuten im Ofen rösten. Auf ein sauberes Küchentuch geben und die Nüsse kräftig abreiben, bis sich die Haut löst. Die Nüsse in die Küchenmaschine geben und grob mahlen.

3 Die Entenbrüste nun mit der Fleischseite nach unten auf ein Backblech legen und 8 Minuten im Ofen grillen. Herausnehmen und beiseitestellen.

4 Die Zutaten für die Vinaigrette in einen kleinen Topf geben und bei geringer Hitze erwärmen, jedoch nicht aufkochen lassen. Brunnenkresse, Orangenfilets, Minze und Schalotten in eine Schüssel geben.

5 Die noch warmen Entenbrüste in feine Scheiben schneiden. Innen sollten die Filets noch leicht rosa sein. Nach Belieben etwas von dem Fleischsaft in die Vinaigrette rühren.

6 Die Hälfte der Haselnüsse in die Vinaigrette rühren. Auf jedem Servierteller zuerst den Salat anrichten, dann die Entenscheiben darauf verteilen. Das warme Dressing darüberträufeln und alles mit den restlichen Nüssen und zusätzlichen Minzeblättern garnieren.

Dieser warme Salat ist eine Kombination aus scharfen, süßen, herzhaften und sauren Aromen. Pfeffer und Brunnenkresse sorgen für die Schärfe, Orangen und Entenfleisch verleihen Süße, die Vinaigrette schmeckt herzhaft, und Essig und Orangensaft sorgen für die nötige Säure. Das Ergebnis ist einfach nur ein Gedicht.

Sommerliche Gazpacho

ZUTATEN

1 kg vollreife Eiertomaten
250 g passierte Tomaten
4 Knoblauchzehen, fein gehackt
1 TL Salz
300 g Weißbrot vom Vortag, Rinde entfernt
80 ml Wasser
2 EL Rotweinessig
1 rote Zwiebel, in feine Würfel geschnitten
2 rote Paprika, in feine Würfel geschnitten
1 große Salatgurke, längs halbiert, entkernt und in feine Würfel geschnitten
Saft von 1 Zitrone
250 ml natives Olivenöl extra
Pfeffer

Diese herrlich frische, einfache Suppe wird eisgekühlt serviert. Ihre Sämigkeit erhält sie durch Brot und Tomaten. Knoblauch und Olivenöl verleihen ihr den besonderen Pfiff. Die Suppe wird in einem Krug serviert und bei Tisch auf die Teller gegossen. Darauf noch etwas Olivenöl träufeln, und fertig ist der perfekte erste Gang.

Für 4–6 Personen

1 Die Tomaten halbieren, mit der Hautseite in die Hand nehmen und das Fruchtfleisch über eine Reibe führen. (Die Tomatenhaut bleibt dabei in Ihrer Hand zurück und kann entsorgt werden.) Das Fruchtfleisch zusammen mit den passierten Tomaten mithilfe eines Holzlöffels durch ein Sieb streichen.

2 Den Knoblauch mit 1 Prise Salz im Mörser zu einer glatten Paste verarbeiten. Brot, Wasser und Essig in eine Schüssel geben und das Brot einweichen lassen.

3 Zwiebel und Knoblauch in die Küchenmaschine geben und zu einer Paste verarbeiten. 1 Paprika und die Hälfte der Gurke zugeben und ebenfalls zerkleinern. Das Brot samt Flüssigkeit zufügen und alles zu einer glatten Mischung verarbeiten. In eine Schüssel geben und die passierten Tomaten einrühren.

4 Die Hälfte des Zitronensaftes und des Öls zugießen und alles kräftig mit Salz und Pfeffer abschmecken. Die Suppe sollte süß, sauer und etwas scharf schmecken.

5 Restliche Gurke und Paprika mit etwas Öl und dem restlichen Zitronensaft beträufeln sowie mit Salz und Pfeffer würzen. Einen Dessertring in die Mitte jedes Serviertellers geben und mit der Gurken-Paprika-Mischung füllen. Den Ring entfernen. Die Suppe in Krüge füllen und servieren. Die Suppe wird um den Gemüsekreis gegossen und mit dem restlichen Olivenöl beträufelt.

Kapitel zwei

HAUPTGERICHTE

Lammfilet mit Kartoffeln und Pilzen

Zutaten

1 kg festkochende Kartoffeln, abgebürstet oder geschält
3 EL Olivenöl
120 g Champignons
120 g Pfifferlinge oder gemischte Waldpilze
2 Knoblauchzehen, fein gehackt
1 EL frisch gehackter Thymian
Saft von 1 Zitrone
1 Handvoll glatte Petersilie, grob gehackt
Salz und Pfeffer
1 Portion Salsa verde (siehe Seite 27), zum Servieren

Lamm

800 g-1 kg Lammfilet
4 Knoblauchzehen, zerdrückt
2 EL frisch gehackter Rosmarin
Saft und abgeriebene Schale von 1 Zitrone
3 EL Olivenöl
Pfeffer

Die wunderbare Form der Pilze hebt sich von den gleichmäßig geschnittenen Kartoffelscheiben ab. Die leuchtend grüne Salsa und das rosa gebratene Fleisch harmonieren dagegen sehr anregend mit den satten Erdtönen des Gemüses.

Für 4–6 Personen

1 Den Backofen auf 200 °C vorheizen. Mit einem scharfen Messer das Lammfilet mehrmals leicht einschneiden. Knoblauch, Rosmarin und Pfeffer in einer kleinen Schüssel verrühren und in die Schnitte reiben. Das Fleisch in eine flache Auflaufform legen und Zitronensaft und -schale sowie Olivenöl zugeben. Das Filet in der Marinade wenden, die Form abdecken und das Fleisch 2 Stunden bei Zimmertemperatur marinieren; dabei mehrmals wenden.

2 Die Kartoffeln in 5 mm dicke Scheiben schneiden. Mit 2 Esslöffeln Olivenöl beträufeln und mit Salz und Pfeffer bestreuen. In einer Lage auf einem Backblech verteilen und 15 Minuten im Ofen garen.

3 In der Zwischenzeit die Pilze putzen und mit einem feuchten Tuch oder einer Gemüsebürste säubern. Dann in gleichmäßige Streifen schneiden. Das restliche Olivenöl in einem großen Topf erhitzen. Knoblauch und Thymian zugeben und unter Rühren goldbraun braten. Die Pilze zufügen und unter Rühren 3–4 Minuten garen, bis die gesamte Flüssigkeit verdampft ist. Falls Sie nur kleinere Töpfe besitzen, die Pilze lieber portionsweise braten, damit sie nicht im eigenen Saft garen. Die Pilze mit Salz, Pfeffer und Zitronensaft abschmecken und 1 weitere Minute anbraten.

4 Sobald die Kartoffeln fast gar sind und am Rand knusprig zu werden beginnen, die Pilze auf das Backblech geben und unter die Kartoffeln heben.

5 Eine Grillpfanne erhitzen. Das Lammfleisch aus der Marinade heben, trocken tupfen und mit Salz und Pfeffer würzen.

6 Das Filet nun in die Grillpfanne geben und von jeder Seite 2 Minuten scharf anbraten. Aus der Pfanne heben und auf das Gemüse auf das Backblech legen. Das Blech zurück in den Ofen schieben und das Fleisch etwa 6–8 Minuten bis zum gewünschten Gargrad backen, dabei einmal wenden. Aus dem Ofen nehmen und alles mit gehackter Petersilie bestreuen. Das Fleisch einige Minuten ruhen lassen.

7 Nun das Fleisch diagonal in dicke Scheiben schneiden. Kartoffeln und Pilze auf Teller arrangieren und die Filetscheiben darauf verteilen. Mit der Salsa verde beträufeln und sofort servieren.

Gegrillter Red Snapper mit Chermoula

Zutaten

4 Red-Snapper-Filets, abgespült und vollständig entgrätet, oder ein ganzer ausgenommener Red Snapper
Salz und Pfeffer
1 Portion Salat aus schwarzen Oliven & eingelegter Zitrone (siehe Seite 22), zum Servieren

Chermoula
2 rote Paprika
2 Knoblauchzehen, fein gehackt
1/2 TL Salz
1 Prise Chilipulver
1 Prise Safranfäden
1/2 TL gemahlener Kreuzkümmel
1/2 TL gemahlener Koriander
200 g vollreife Tomaten, fein gehackt oder Kirschtomaten, halbiert
20 frische Minzeblätter, zerzupft
3 EL frisch gehackter Koriander
Saft von 1 Zitrone
4 EL natives Olivenöl extra

Dieses herrliche Rezept erinnert an ein wunderschönes Buntglasfenster. Das leuchtende Rot der Chermoula kontrastiert mit den rosa Fischfilets. Der aromatische Salat mit schwarzen Oliven passt hervorragend dazu. Das Gericht erinnert an ausgelassene Sommertage und macht Lust, zusammen mit Freunden und Familie zu kochen und zu essen.

Für 4 Personen

1

4

7

1 Den Backofengrill vorheizen. Für die Chermoula die Paprika auf ein Blech legen und so lange im Backofengrill backen, bis die Haut schwarz wird und Blasen wirft. Die Paprika in eine Schüssel legen und diese mit Frischhaltefolie abdecken. Abkühlen lassen. Die Paprikahaut lässt sich nun leicht vom Fruchtfleisch lösen. Die Paprika häuten und entkernen.

2 Knoblauchzehen und Salz im Mörser zu einer Paste verarbeiten. (Da das Dressing nicht gegart wird, sollte der Knoblauch ganz fein zerdrückt werden.) Chilipulver, Safran, Kreuzkümmel und Koriander unter den Knoblauch rühren.

3 Die Paprika fein hacken und mit den gehackten Tomaten verrühren. Minze und die Knoblauchmischung zufügen und gut vermengen.

4 Zwei Drittel des Korianders, Zitronensaft und Olivenöl zugeben. Die Chermoula gut abschmecken. Sie sollte süßlich, leicht sauer und etwas scharf schmecken.

5 Den Fisch von beiden Seiten mit Salz und Pfeffer würzen. Die Hälfte der Chermoula darauf verteilen und den Fisch mindestens 1 Stunden marinieren. Die restliche Chermoula zum Servieren beiseitestellen.

6 Den Backofengrill vorheizen. Ein Backblech mit einem großen Stück Alufolie auslegen und den Fisch mit der Hautseite nach oben daraufgeben. Etwa 4–5 Minuten im Ofen grillen.

7 Den Fisch auf Servierteller verteilen und die restliche Chermoula darübergeben. Mit dem restlichen frischen Koriander garnieren und mit dem Oliven-Zitronen-Salat servieren.

Glasierte Honigente mit karamellisierter Quitte

ZUTATEN

4 vollreife Quitten
2 EL Zucker
4 Entenbrüste
Saft und abgeriebene Schale von 1 Orange
2 EL klarer Honig
2 EL Butter
2 TL gemahlener Zimt
1 TL gemahlener Piment
1/4 TL frisch geriebene Muskatnuss
2 Lorbeerblätter
2 Gewürznelken
1 Prise Chilipulver
Saft von 1 Zitrone
Salz und Pfeffer

Bei diesem Gericht sticht besonders die schöne Glasur ins Auge. Das verführerische Aroma lässt an prachtvolle orientalische Paläste denken, die Quitten verströmen dabei einen wunderbaren feinen Duft. Sie können die Quitten auch durch Birnen ersetzen, die nicht vorgebacken werden müssen.

Für 4–6 Personen

1 Den Backofen auf 200 °C vorheizen. Die Quitten schälen, vierteln und das Kerngehäuse sowie Stiel und Stielansatz entfernen.

2 Ein großes Stück Backpapier zuschneiden und über der Mitte falten, um eine doppelte Lage zu erhalten. Die Quittenviertel in die Mitte legen. Mit etwas Zucker bestreuen, in das Backpapier einwickeln und fest verschließen. Etwa 40 Minuten im Ofen weich garen.

3 In der Zwischenzeit die Entenbrüste von beiden Seiten mit Salz und Pfeffer würzen und mit der Hautseite nach unten in eine Pfanne geben. Bei geringer Hitze etwa 12 Minuten anbraten, bis der Großteil des Fetts aus der Haut mit einem Löffel aus der Pfanne entfernt werden kann. Falls die Pfanne zu heiß ist, schließen sich sofort die Poren der Entenhaut, das Fett wird eingeschlossen und kann nicht ausgelassen werden. Dann wird die Entenhaut nicht mehr knusprig. Die Entenbrüste nun aus der Pfanne heben und mit der Hautseite nach oben in eine Auflaufform geben.

4 Orangensaft und -schale mit dem Honig verrühren und über die Entenbrüste gießen. Etwa 8–10 Minuten im Ofen backen, bis das Fleisch noch leicht rosa ist; dabei die Entenbrüste noch mindestens 2-mal mit der Honigmischung beträufeln. Durch die hohe Temperatur und das rasche Garen bleiben die Entenbrüste innen noch leicht rosa und saftig. Von außen werden sie durch die Glasur schön karamellisiert.

5 Die Quittenviertel aus dem Backpapier wickeln. Die Butter in einer großen Pfanne zerlassen und die Quitten darin anbraten. Den restlichen Zucker und die Gewürze zugeben und die Quitten darin karamellisieren. 4–5 Minuten unter Rühren garen.

6 Die Entenbrüste aus dem Ofen nehmen und kurz ruhen lassen. Dann jede Entenbrust diagonal in drei Stücke schneiden. Die Honigmischung aus der Auflaufform zu den Quitten in die Pfanne gießen und zu einem Sirup einkochen. Den Zitronensaft einrühren und die Pfanne vom Herd nehmen. Quitten, Sirup und Entenbrustscheiben auf Tellern arrangieren und sofort servieren.

Dieses Rezept bietet eine aufregende Mischung aus scharfen, süßen, salzigen und sauren Aromen. Die Quitten verströmen ein köstliches Aroma und passen auch hervorragend zu Wild und Geflügel, z. B. Wachteln oder Rebhuhn.

Stubenküken mit Sauerkirschfüllung

Zutaten

3 Knoblauchzehen, fein gehackt
1 frische rote Chili, entkernt und fein gehackt
3 Zwiebeln, in dünne Ringe geschnitten
2 EL Koriandersamen
2 TL gemahlener Zimt
2 TL gemahlener Piment
Saft und abgeriebene Schale von 2 Zitronen
4 Lorbeerblätter
120 g getrocknete Sauerkirschen
120 g getrocknete Cranberrys
120 g Pistazien
2 EL natives Olivenöl extra, plus etwas mehr zum Braten und Beträufeln
4–6 Stubenküken
Salz und Pfeffer
Ofenkartoffeln oder Rucolasalat, zum Servieren

Die dunkelroten Beeren und das Grün der Pistazien heben sich herrlich von den goldbraun gerösteten Stubenküken ab. Sie können dieses Gericht auf einer leuchtend blau gemusterten marokkanischen Servierplatte anrichten. Schließlich würde es einem königlich orientalischem Mahl alle Ehre machen.

Für 4–6 Personen

1 Den Backofen auf 180 °C vorheizen. Knoblauch, Chili und Zwiebeln in einer Schüssel mischen. Die Koriandersamen im Mörser zerstoßen und mit den anderen gemahlenen Gewürzen unter die Zwiebelmischung rühren. Zitronensaft und -schale, Lorbeerblätter, Sauerkirschen, Cranberrys und Pistazien zufügen und alles gut vermengen. Öl, Salz und Pfeffer zugeben und alles gut verrühren.

2 Die Füllung großzügig auf die Bauchräume der Küken verteilen. Etwas Öl in einem ofenfesten Topf erhitzen. Die Haut der Stubenküken mit Salz und Pfeffer einreiben.

3 Die Küken in den Topf geben und rundum anbräunen. Dann den Topf in den Ofen geben.

4 Das Geflügel 30–35 Minuten im Ofen backen, bis das Fleisch gar ist; dabei immer wieder mit dem austretenden Saft übergießen. Um den Gargrad zu testen, die Küken mit einem Messer neben dem Schenkelknochen einstechen. Bleibt der austretende Saft klar, sind die Stubenküken durchgegart.

5 Zum Servieren die Füllung aus dem Geflügel herausnehmen und die Stubenküken damit bedecken. Mit etwas Ölivenöl beträufeln, damit alles appetitlich glänzt. Die Küken auf einer großen Servierplatte anrichten und mit Ofenkartoffeln oder frischem Rucolasalat servieren.

Das Geflügel erhält in diesem Rezept ein wunderbares Aroma. Das Fleisch und die Zwiebeln schmecken köstlich süßlich, die Trockenfrüchte süßsauer und der Zitronensaft verleiht etwas Säure. Frische Chili und Pfeffer verleihen dem Gericht eine leichte Schärfe. Diese Kombination ist eine Offenbarung für die Geschmacksknospen.

Gegrillter Seebarsch mit Paprika & Tomaten an Oliventapenade & Basilikumöl

Zutaten

1 EL Olivenöl, plus etwas mehr zum Anbraten
2 rote Paprika, in 1 cm große Würfel geschnitten
2 rote Zwiebeln, in 1 cm große Würfel geschnitten
Weißwein, zum Ablöschen
200 g passierte Tomaten
200 ml Fischfond
1 Prise Zucker
4 feste Weißfischfilets, z. B. Seebarsch, Red Snapper oder Kabeljau
16 Kirschtomaten, halbiert
Salz und Pfeffer
20 frische Basilikumblätter (die Stängel aufbewahren), zum Garnieren

Zum Servieren

1 Portion Basilikumöl (siehe Seite 23)
1 Portion Schwarze Oliventapenade (siehe Seite 27)

Dekorativ heben sich Paprika und Tomaten gegen die weißen Fischfilets mit ihrer karamellisierten Haut ab. Die Oliventapenade kontrastiert mit der roten Tomatensauce und dem leuchtend grünen Öl. Dieses farbenreiche Gericht regt den Appetit an.

Für 4 Personen

1 Das Olivenöl in einer Pfanne bei mittlerer Hitze erwärmen. Paprika und Zwiebeln zugeben und unter Rühren 8 Minuten andünsten. Die Basilikumstängel zufügen und 1 Minute mitgaren. Mit dem Wein ablöschen und 3 Minuten einkochen lassen. Passierte Tomaten und Fischfond zugießen. Die Hitze reduzieren und die Sauce 15 Minuten köcheln lassen. Mit Salz, Pfeffer und Zucker abschmecken. Die Sauce sollte etwas pikant, leicht süßlich und schön sämig sein. Die Pfanne vom Herd nehmen.

2 Kurz vor dem Servieren sollte die Tomatensauce erneut erhitzt und das Basilikumöl sowie die Oliventapenade bereitgestellt werden. Das Öl können Sie, um sauberer arbeiten zu können, in eine Kunststoffflasche füllen.

3 Den Backofen auf 200 °C vorheizen. Etwas Olivenöl in einer großen Pfanne bei mittlerer Hitze erwärmen. Die Hautseite der Fischfilets dreimal tief einschneiden. Die Filets mit Küchenpapier trocken tupfen und mit Salz und Pfeffer würzen. Dann mit der Hautseite nach unten in die Pfanne geben und goldbraun anbraten; dabei die Filets nicht anheben oder verschieben, sonst bildet sich keine Kruste. Die Fischfilets vorsichtig wenden und weitere 2 Minuten anbraten.

4 Die Fischfilets mit den Kirschtomaten auf ein Backblech verteilen und 5 Minuten im Ofen backen.

5 In der Zwischenzeit die Servierteller bereitstellen. Auf jeden Teller etwas Tomatensauce verteilen und mithilfe eines Löffelrückens kreisförmig ausstreichen; dabei die Zwiebel- und Paprikastücke an den Rand des Saucenspiegels verteilen. Mit einem Teelöffel einen Ring aus Oliventapenade auf die Sauce setzen. Die Fischfilets und Kirschtomaten auf dem Saucenspiegel verteilen. Mit einer schwungvollen Handbewegung etwas Basilikumöl über das Gericht träufeln.

6 Die Basilikumblätter aufeinanderlegen, fest aufrollen und in feine Streifen schneiden. Die Streifen über die Fischfilets streuen und sofort servieren.

Gegrillte Schweinelende mit Fenchelkruste

ZUTATEN

1 Stück Schweinelende mit 7 Rippen (am besten in Bioqualität, da das Fleisch aromatischer schmeckt)
2 EL Fenchelsamen
2 EL Koriandersamen
2 kleine getrocknete Chillies, zerdrückt
3 Sternanise
1 TL gemahlener Zimt
2 TL grobes Meersalz
2 EL Olivenöl
Pfeffer

Krautsalat
1 Weißkohl
2 frische grüne Chillies, entkernt und fein gehackt
Saft und abgeriebene Schale von 1 Zitrone
3 EL Olivenöl
1 EL Sesamöl
1 EL helle Sojasauce
4 Frühlingszwiebeln, in dünne Scheiben geschnitten
frischer Koriander, gehackt

Das Besondere an diesem Fleischgericht ist seine knusprige Kruste. Das Fleisch selbst bleibt dabei schön saftig. Der knackige Krautsalat passt hervorragend dazu.

Für 6 Personen

1 Den Backofen auf 220 °C vorheizen. Mit einem scharfen Messer das Fleisch leicht von den Rippen trennen, aber nicht komplett ablösen. Die Haut in kleinen Abständen durch das Fett hindurch bis zum Fleisch einstechen.

2 Fenchel, Koriander, Chillies und Sternanise im Mörser zerstoßen. Mit Zimt, Salz und etwas Pfeffer vermengen und in die Hautschnitte und die Lücken zwischen Fleisch und Knochen reiben. Dann mit Olivenöl bepinseln.

3 An 3–4 Stellen das Fleisch mit Küchengarn am Knochen festbinden. Auf ein Grillgitter in einen Bräter setzen und etwa 50–60 Minuten im Ofen garen.

4 Das Fleisch regelmäßig mit dem Saft und Fett aus dem Bräter übergießen. Falls die Kruste noch nicht ganz knusprig ist, das Fleisch direkt unter den Grill des Backofens schieben und so lange unter Wenden backen, bis sich eine schöne Kruste gebildet hat. Aus dem Ofen nehmen und das Fleisch auf dem Gitter ruhen und abtropfen lassen.

5 Für den Krautsalat die harten äußeren Blätter des Kohls entfernen. Den Kohl vierteln und mit einem scharfen Messer den Strunk aus jedem Viertel herausschneiden und entsorgen. Die Kohlviertel fein hacken und in eine Schüssel geben.

6 Chillies, Zitronensaft und -schale, Olivenöl, Sesamöl und Sojasauce in einer Schüssel verrühren.

7 Vor dem Servieren das Fleisch vom Gitter nehmen. Mit etwas Küchenpapier oder einem Löffel die Fettaugen vom Bratensaft entfernen. Etwa 75 ml Wasser unter den Bratensaft rühren und den Bräter auf den Herd setzen. Bei mittlerer Hitze so lange unter Rühren erhitzen, bis eine glatte Sauce entsteht; dabei auch den Bratensatz vom Boden lösen. Das Fleisch entlang der Rippen in dicke Scheiben schneiden.

8 Die Sauce unter das Chili-Dressing rühren und abschmecken. Das Dressing sollte süß, salzig, etwas scharf und sauer schmecken.

9 Frühlingszwiebel und Koriander zum Weißkohl geben und vermengen. Das warme Dressing zugeben, alles gut vermischen und den Salat auf Serviertellern anrichten. Die Fleischscheiben neben den Salat geben und sofort servieren.

Herzhafte Pfannkuchen mit Pesto & Spinat

Zutaten

1 Portion Béchamelsauce (siehe Seite 26)
1 Portion Pfannkuchenteig (siehe Seite 26)
Olivenöl, zum Braten
Rucolasalat, zum Servieren

Pesto
3 EL Pinienkerne
2 große Knoblauchzehen, fein gehackt
1/2 TL grobes Meersalz
2 Bund frisches Basilikum
50 g frisch geriebener Parmesan
120 ml Olivenöl
Saft von 1/2 Zitrone

Spinatfüllung
1 EL natives Olivenöl extra
1 Knoblauchzehe, geschält
250 g junge Spinatblätter
1 Spritzer Zitronensaft
Salz und Pfeffer

Diese einfachen, herzhaften Pfannkuchen eignen sich sowohl als Vorspeise als auch als Hauptgericht. Die Füllung hat eine wunderbar grüne Farbe, und das Basilikum-Parmesan-Aroma ist einfach unwiderstehlich. Sie können die Pfannkuchen mit gehobeltem Parmesan und gehacktem Basilikum garnieren.

Für 6 Personen

1 Den Backofen auf 190 °C vorheizen. Für das Pesto die Pinienkerne auf ein Backblech verteilen und 3–4 Minuten im Ofen goldbraun rösten. Knoblauch und Salz im Mörser zerdrücken. Die Pinienkerne zugeben und alles zu einer dicken Paste verarbeiten. Dann das Basilikum grob hacken, portionsweise in den Mörser geben und so lange bearbeiten, bis eine glatte Paste entsteht. Nun den Parmesan vorsichtig unterheben.

2 Nach und nach Olivenöl und Zitronensaft unter Rühren zugießen und alles mit Salz und Pfeffer würzen. Das Pesto direkt verwenden oder bis zur Verwendung in einem luftdicht verschlossenen Behälter im Kühlschrank aufbewahren.

3 Für die Füllung den Spinat waschen und abtropfen lassen. Olivenöl in einer großen Pfanne oder einem Wok erhitzen. Den Knoblauch zugeben und unter Rühren goldbraun anbraten. Achten Sie darauf, dass der Knoblauch nicht zu dunkel wird, denn dann schmeckt er bitter. Den Spinat zugeben, die Pfanne bedecken und 2 Minuten garen, bis die Spinatblätter zusammenfallen; dabei immer wieder an der Pfanne rütteln. Die Flüssigkeit aus der Pfanne gießen und den Spinat mit Salz, Pfeffer und Zitronensaft abschmecken.

4 Das Pesto mit der Béchamelsauce verrühren und unter den Spinat heben. Erneut mit Salz und Pfeffer abschmecken. Einige Tropfen Öl in einer beschichteten Pfanne erhitzen. Mit einem Schöpflöffel etwas Teig in die Pfanne geben und durch Schwenken verteilen, sodass der Boden der Pfanne bedeckt ist. Überschüssigen Teig zurück in die Schüssel gießen.

5 Den Pfannkuchen bei mittlerer Hitze 1–2 Minuten anbraten, bis die Unterseite goldbraun und knusprig ist. Dann den Pfannkuchen mithilfe eines Palettmessers vom Boden lösen und wenden. Kurz ausbacken, dann aus der Pfanne heben und auf Küchenpapier abtropfen lassen. Mit dem restlichen Teig ebenso verfahren. Den Backofen auf 180 °C vorheizen.

6 In die Mitte jedes Pfannkuchens etwas von der Spinatmischung geben und verstreichen. Dann die Pfannkuchen fest aufrollen. Die Rollen dicht nebeneinander in eine Auflaufform geben und etwa 8–10 Minuten im Ofen backen. Auf Rucolasalat servieren.

Sautierte Jakobsmuscheln mit Minze-Chili-Dressing

Zutaten

100 g Puy-Linsen
2 Knoblauchzehen, geschält
1 Selleriestange
2 Lorbeerblätter
20 frische Petersilienblätter (Stängel aufbewahren)
Olivenöl, zum Beträufeln und Braten
Saft und abgeriebene Schale von 1 Zitrone
2 EL Rotweinessig, plus etwas mehr zum Ablöschen
20 frische Basilikumblätter
20 frische Minzeblätter
1 Handvoll Rucola

20 Jakobsmuscheln
8 Scheiben Pancetta
Salz und Pfeffer
Rucola, zum Servieren

Minze-Chili-Dressing
2 rote Chillies
1 Bund frische Minze
90 ml natives Olivenöl extra
Saft von 1 Zitrone
Salz und Pfeffer

Die goldenen Jakobsmuscheln und der knusprige Pancetta werden von leuchtend grüner Minze und roter Chili hervorgehoben. Die Anzahl an Muscheln sollte immer ungerade sein, da dies ausgewogener aussieht als ein symmetrisches Arrangement.

Für 4 Personen

1 Die Linsen in einen Topf geben und mit kaltem Wasser bedecken. Knoblauch, Sellerie, Lorbeer und Petersilienstängel zufügen und aufkochen lassen.

2 Nach 12–15 Minuten Garzeit die Linsen probieren. Sie sollten gar, aber noch etwas bissfest sein. Vom Herd nehmen und das Kochwasser bis auf eine kleine Menge abgießen. Knoblauch, Lorbeer, Sellerie und Petersilienstängel entfernen. Die Linsen mit etwas Olivenöl, Zitronensaft und -schale, Essig, Salz und Pfeffer anmachen. Dafür sollten die Linsen noch heiß sein, damit sie die Aromen besser aufnehmen. Abkühlen lassen.

3 Petersilie, Basilikum, Minze und Rucola grob hacken. Die Linsen mit einem Teil der Kräutermischung vermengen und beiseitestellen.

4 Für das Dressing die Chillies entkernen, fein hacken und in eine Schüssel geben. Die Minze ebenfalls fein hacken und zu den Chillies geben. Olivenöl, Zitronensaft, Salz und Pfeffer zufügen und alles gut verrühren.

5 Die Jakobsmuscheln abspülen. Das Corail entfernen und die Muscheln trocken tupfen. 1 Esslöffel Öl in einer Pfanne erhitzen und die Pancetta-Scheiben darin 2 Minuten unter Wenden knusprig braten. Auf Küchenpapier abtropfen lassen.

6 Die Jakobsmuscheln mit Salz und Pfeffer würzen. Noch etwas Olivenöl in die heiße Pfanne gießen und die Jakobsmuscheln 45 Sekunden darin braten. Die Muscheln dann rasch mithilfe von 2 Esslöffeln – einen in jeder Hand – wenden. Weitere 40 Sekunden anbraten. Aus der Pfanne heben und auf Küchenpapier abtropfen lassen.

7 Etwas Essig in die Pfanne geben, den Bodensatz unter Rühren lösen und unter das Dressing heben.

8 Zum Servieren einige Rucolablätter auf Serviertellern anrichten. Die warmen Linsen darauf verteilen, dann einige Jakobsmuscheln darauflegen. Die Pancetta-Scheiben auf denn Muscheln verteilen und alles mit dem Dressing beträufeln. Sofort servieren.

Die Muscheln schmecken süßlich, der Pancetta salzig, das Dressing scharf und säuerlich. Die Verbindung dieser Aromen schmeckt einfach herrlich.

Geschmorte Lammkeule mit Mandel-Petersilien-Gremolata

ZUTATEN

4 Lammunterkeulen, von Fett und Sehnen befreit
2 EL Olivenöl
4 Knoblauchzehen, halbiert
1 getrocknete Chili, zerdrückt
3 frische Rosmarinzweige
6 vollreife Eiertomaten
2 große Zwiebeln, fein gehackt
4 Orangenschalenstreifen
2 Lorbeerblätter
1 TL brauner Zucker
90 ml Rotwein
550 ml Wasser
Salz und Pfeffer

Gremolata
120 g abgezogene Mandeln
2 Knoblauchzehen, geschält
abgeriebene Schale von
2 Zitronen
1 Bund frische glatte Petersilie

Gremolata eignet sich wunderbar zum Garnieren. Sie wird direkt vor dem Servieren über das Gericht gegeben. Die gelb-weiß-grüne Gremolata bietet einen wunderbaren Kontrast zum saftigen Fleisch. Ein wahres Geschmackserlebnis.

Für 4 Personen

1 Den Backofen auf 180 °C vorheizen. Das Fleisch großzügig mit Salz und Pfeffer würzen. Etwas Öl in einer großen ofenfesten Pfanne erhitzen. Das Fleisch zugeben und rundum 3 Minuten anbräunen. Die Pfanne vom Herd nehmen. Knoblauch, Chili und Rosmarin hacken und in einer Schüssel gut vermengen.

2 Die Tomaten halbieren, mit der Hautseite in die Hand nehmen und das Fruchtfleisch über eine Reibe führen. (Die Tomatenhaut bleibt dabei in Ihrer Hand zurück und kann entsorgt werden.)

3 Das Fleisch aus der Pfanne nehmen. Das restliche Öl in der Pfanne verteilen, Knoblauch, Chili und Rosmarin zugeben und 2 Minuten andünsten. Die Zwiebeln zufügen und 5 Minuten glasig dünsten. Mit Salz und Pfeffer würzen.

4 Fleisch, Orangenschale, Lorbeerblätter, Zucker, Tomatenpüree, Wein und Wasser in die Pfanne geben.

5 Die Pfanne bedecken und alles zum Kochen bringen. Dann in den Ofen geben und etwa 2½ Stunden garen; dabei das Fleisch regelmäßig mit dem Bratensaft übergießen.

6 In der Zwischenzeit für die Gremolata die Mandeln auf ein Backblech verteilen und im Ofen goldbraun rösten. Abkühlen lassen. Den Knoblauch sehr fein hacken. Mandeln und Zitronenschale mit dem Knoblauch vermengen. Die Petersilie fein hacken und mit der Knoblauchmischung verrühren. Die Lammkeulen auf Servierteller verteilen und mit der Gremolata bestreuen. Sofort servieren.

Thailändisches Karamellhühnchen mit Tomaten-Chili-Chutney

ZUTATEN

1 großes Hühnchen
4 Stängel Zitronengras, die harten äußeren Teile entfernt, das Innere fein gehackt
4 Knoblauchzehen, fein gehackt
4-cm-Stück Ingwerwurzel, gehackt
2 rote Chillies, entkernt und fein gehackt
1 EL Salz
3 Korianderwurzeln (oder Stängel), gehackt
1 EL Pfeffer
1 EL klarer Honig
1 EL Fischsauce
Saft von 1 Limette

Zum Servieren
1 Portion Tomaten-Chili-Chutney (siehe Seite 23)
kleiner grüner Salat

Das Hühnchen karamellisiert durch das langsame Grillen. Zusammen mit dem Chutney sieht es sehr appetitlich aus. Dazu passt ein frischer grüner Salat, nach Wunsch mit Minze und Koriander verfeinert. Das Gericht wirkt sehr rustikal, und genau das macht auch seinen Reiz aus.

Für 4–6 Personen

1 Das Hühnchen mit der Rückseite nach oben auf die Arbeitsfläche legen und mit einer Geflügelschere von unten an beiden Seiten des Rückrats entlang durchschneiden. Dann das Rückrat herauslösen; dabei vorsichtig arbeiten, um das Fleisch nicht allzu sehr zu beschädigen. Mit der Klinge eines großen Messers nun das Brustbein flach drücken, bis es bricht und das Hühnchen etwas plattieren.

2 Zitronengras, Knoblauch, Ingwer, Chillies und Salz vermengen und im Mörser zu einer Paste verarbeiten. Korianderwurzeln zugeben und alles weiter bearbeiten, bis eine fast glatte Paste entsteht. Pfeffer, Honig, Fischsauce und Limettensaft unterrühren.

3 Das Hühnchen mit der Brustseite nach oben auf ein Schneidebrett legen. Mit einem langen Holzspieß durch einen Flügel bis zum gegenüberliegenden Schenkel stechen. Mit einem weiteren Holzspieß mit der anderen Seite des Hühnchens ebenso verfahren. Das Fleisch sollte nun ganz flach gedrückt sein. Das Hühnchen mit der Paste einreiben und mindestens 3 Stunden im Kühlschrank marinieren.

4 Den Holzkohlegrill vorheizen. Das Huhn wird sehr langsam gegart, damit es ein rauchiges Aroma erhält und die Haut schön knusprig werden kann.

5 Das Huhn nicht zu nah an die Glut bringen, damit es nicht anbrennt. Unter häufigem Wenden (etwa alle 3 Minuten), das Hühnchen so lange garen, bis es gar und die Haut schön knusprig ist. Das Hühnchen in Stücke schneiden und auf Tellern anrichten. Mit Tomaten-Chili-Chutney und grünem Salat servieren.

Kapitel drei

DESSERTS

Zitronentörtchen mit Mascarpone & Blaubeeren

ZUTATEN

6 Eier
9 Eigelb
Saft und abgeriebene Schale von 7 Zitronen
250 g Butter, in kleine Würfel geschnitten
350 g Zucker
120 g Mascarpone
250 g Blaubeeren

Mürbeteig
450 g Mehl, plus etwas mehr zum Bestäuben
1 Prise Salz
200 g kalte Butter, in 1 cm große Würfel geschnitten
60 g Puderzucker
abgeriebene Schale von 1 Zitrone
3 Eigelb

Diese wunderschönen Törtchen werden mit einer sahnigen Zitronencreme gefüllt und erhalten ihre leuchtend gelbe Farbe vom Eigelb. Die Blaubeeren werden zerdrückt und vorsichtig unter die Creme gerührt. Anstatt 6 kleiner Törtchen können Sie auch eine große Tarte aus den Zutaten zubereiten.

Für 6 Personen

1 Für den Teig Mehl, Salz und Butter in eine Küchenmaschine geben und zu groben Streuseln verarbeiten. Zucker, Zitronenschale und Eigelb zufügen und alles kurz vermischen. Sobald ein glatter Teig entsteht, nicht mehr weiterrühren. Den Teig zu einer Kugel formen, in Frischhaltfolie einschlagen und 1 Stunde im Kühlschrank ruhen lassen.

2 Den Teig auf eine leicht bemehlte Arbeitsfläche geben und etwa 3–5 mm dick ausrollen. 12 kleine Tartelette-formen oder eine große Tarteform (28–30 cm Ø) mit dem Teig auslegen. Achten Sie, vor allem wenn Sie kleine Törtchen herstellen, darauf, dass Sie den Teig wirklich dünn ausrollen. Die Formen mit dem Teig für 30 Minuten in den Kühlschrank oder ins Gefrierfach geben.

3 Den Backofen auf 180 °C vorheizen. Den Teig in den Formen mit Backpapier auslegen und mit Backbohnen beschweren. In den Ofen geben und eine große Tarte 20 Minuten, kleine Törtchen etwa 15 Minuten blindbacken, bis der Teig goldbraun und knusprig ist. (Bedenken Sie, dass der Teig gar und knusprig sein sollte, da er kein zweites Mal gebacken wird.) Aus dem Ofen nehmen und abkühlen lassen.

4 Eier, Eigelb, Zitronensaft und -schale, Butter und Zucker in einen großen Topf geben und bei geringer Hitze erwärmen. Unter ständigem Rühren so lange köcheln lassen, bis eine dicke Creme entsteht.

5 Den Topf vom Herd nehmen und die Creme durch ein Sieb in eine kalte Schüssel abseihen. Den Mascarpone mit einem Schneebesen unterrühren. Die Blaubeeren grob mit einer Gabel zerdrücken und rasch unter die Creme heben. Die Creme nun auf die ausgebackenen Teigformen verteilen und mindestens 1 Stunde fest werden lassen.

Mandelbiscotti mit Orange & Sauerkirschen

ZUTATEN

150 g abgezogene Mandeln
120 g getrocknete Sauerkirschen oder Cranberrys
120 g Pinienkerne
180 g Mehl, plus etwas mehr zum Bestäuben
175 g Zucker
1 TL Backpulver
1 Prise frisch geriebene Muskatnuss
1 Prise gemahlener Zimt
abgeriebene Schale von
1 Orange
2 Eier
2 TL Vanillearoma

Ein Glas Vin Santo mit diesen doppelt gebackenen Mandelbiscotti serviert, ist ein sehr eleganter Abschluss eines perfekten Menüs. Vin Santo ist ein bernsteinfarbener Dessertwein, der aus der Toskana stammt. Die Trauben, aus denen er hergestellt wird, werden an Dachbalken gehängt und getrocknet. Dadurch erhält der Vin Santo sein vollmundiges Rosinenaroma.

20–30 Stück

1 Den Backofen auf 180 °C vorheizen. 1 Backblech mit Backpapier auslegen. Die Mandeln und Kirschen grob hacken und mit den Pinienkernen in eine Schüssel geben. Mehl, Zucker, Backpulver, Muskat, Zimt und Orangenschale zu der Nussmischung geben und gut vermengen.

2 Eier und Vanillearoma in einer kleinen Schüssel verquirlen, unter die Mehlmischung rühren und zu einem festen Teig verarbeiten. Den Teig auf einer leicht bemehlten Arbeitsfläche 4–5 Minuten kneten, bis er glatt und nicht mehr klebrig ist.

3 Den Teig in zwei Portionen teilen. Jede Portion zu einer langen, flachen etwa 5 cm breiten Rolle formen. Die Rollen das Backblech legen und etwa 20–25 Minuten im Ofen goldbraun backen.

4 Aus dem Ofen nehmen und 5 Minuten abkühlen lassen. Die Ofentemperatur auf 160 °C reduzieren. Die beiden Teigrollen auf ein Schneidebrett legen und mit einem scharfen Messer in etwa 1 cm dicke Scheiben schneiden. Die Scheiben nebeneinander auf die Backbleche legen und weitere 15–20 Minuten backen, bis sie ganz trocken und knusprig sind. Aus dem Ofen nehmen und abkühlen lassen. Die Biscotti sollten in einem luftdicht verschließbaren Behälter aufbewahrt werden.

Die Biscotti können auch zu cremigen Desserts oder einfach zum Kaffee serviert werden.

Apfel-Galettes mit Haselnusskaramell

ZUTATEN

Galettes
6 Äpfel
Zitronensaft, zum Beträufeln
500 g Blätterteig, Tiefkühlware aufgetaut
Mehl, zum Bestäuben
1 TL gemahlener Zimt, mit 2 EL Zucker vermischt

Haselnusskaramell
150 g Haselnüsse
70 g Zucker
3 EL Wasser
Saft von 1/2 Zitrone
2 EL Butter

Mandel-Haselnuss-Creme
150 g Haselnüsse
150 g abgezogene Mandeln
60 g Zucker
1 TL gemahlener Zimt
1/2 TL frisch geriebene Muskatnuss
1 Prise gemahlene Nelken
4 EL weiche Butter
1 Ei (Größe L)
1 Eiweiß

Diese kleinen Apfeltörtchen sind ein sehr hübsches und elegantes Dessert und leichter herzustellen, als es beim ersten Blick den Anschein hat. Ihre Gäste werden beeindruckt sein. Der Haselnusskaramell verleiht den Apfel-Galettes einen wunderschönen Glanz.

Für 6 Personen

1 Den Backofen auf 180 °C vorheizen. Für die Creme die Haselnüsse auf einem Backblech verteilen und 5 Minuten im Ofen rösten. Die Haselnüsse abkühlen lassen und mit einem sauberen Küchentuch kräftig abreiben, um die Haut zu entfernen.

2 Mandeln, Haselnüsse und Zucker in die Küchenmaschine geben und fein zermahlen. Zimt, Muskatnuss, Nelken und Butter zufügen und alles weitere 20 Sekunden zerkleinern. Ei und Eiweiß zugeben, alles glatt rühren und beiseitestellen.

3 Für die Galettes die Äpfel halbieren, schälen, entkernen und bis zur weiteren Verarbeitung mit etwas Zitronensaft beträufeln, damit sie sich nicht verfärben. Den Blätterteig auf eine leicht bemehlte Arbeitsfläche geben und 5 mm dick ausrollen. 6 Teigkreise (13 cm Ø) ausstechen. Die Kreise mehrfach mit einer Gabel einstechen, mit der Creme bestreichen und 30 Minuten kalt stellen.

4 Den Ofen auf 190 °C vorheizen. Die Äpfelhälften in dünne Scheiben schneiden und spiralförmig auf den Teigkreisen verteilen. Mit der Zucker-Zimt-Mischung bestreuen.

5 Für den Karamell die Haselnüsse auf einem Backblech verteilen und 5 Minuten im Ofen rösten. Abkühlen lassen.

6 Zucker, Wasser und Zitronensaft in einen kleinen Topf geben und bei mittlerer Hitze erwärmen, bis sich der Zucker aufgelöst hat. Dann den Sirup aufkochen lassen und die Haselnüsse grob hacken.

7 Sobald der Sirup eine goldbraune Farbe annimmt, Butter und Haselnüsse unterrühren. Sollte der Karamell zu hart sein, vorsichtig etwas kochendes Wasser einrühren. (Vorsicht, der Karamell könnte aufspritzen!)

8 Die Galettes auf ein Backblech legen und etwa 12 Minuten im Ofen goldbraun backen. Den Haselnusskaramell mit einer schwungvollen Handbewegung über die Teller und die Galettes verteilen. Sie können die Galettes auch karamellisieren, indem Sie sie mit dem Karamell bestreichen und kurz unter den heißen Backofengrill geben. Sofort servieren.

Zitruscreme mit Vanille-Aprikosen & Pistazienplätzchen

ZUTATEN

800 g Schlagsahne
Saft und abgeriebene Schale von 2 großen Zitronen
Saft und abgeriebene Schale von 1 großen Orange
12 vollreife Aprikosen
2 Vanillestangen
2 EL brauner Zucker
350 g Zucker

Pistazienplätzchen
250 g Pistazien
120 g Butter
abgeriebene Schale von 1 Zitrone
80 g brauner Zucker
1 Ei
150 g Mehl
1 TL Backpulver
1 Prise Salz

Dieses Dessert sieht wunderschön aus und ist wirklich sehr leicht herzustellen. Die gelborangenen Aprikosenstückchen bilden einen schönen Kontrast zu den blassgrünen Pistazienplätzchen.

Für 6–8 Personen

1 Schlagsahne, Zitronen- und Orangenschale in einen Topf geben und bei geringer Hitze unter Rühren bis kurz vor dem Siedepunkt erhitzen, jedoch nicht aufkochen lassen.

2 In der Zwischenzeit die Aprikosen halbieren und entkernen. Die Vanillestangen halbieren und das Mark mit einem Messerrücken herauskratzen. Den braunen Zucker mit den Vanillestangen und dem Mark in einer Schüssel mischen.

3 Den Backofengrill vorheizen. Eine Auflaufform mit Backpapier auslegen. Die Aprikosen auf dem Backpapier verteilen und mit dem Vanillezucker bestreuen. Die Aprikosen direkt unter den Grill schieben und 3–4 Minuten karamellisieren. Abkühlen lassen und jede Aprikosenhälfte in 4 Scheiben schneiden.

4 Zucker, Zitronen- und Orangensaft in die warme Sahnemischung rühren und erneut kurz erhitzen.

5 Die Creme vom Herd nehmen und abkühlen lassen. Die Aprikosenscheiben auf Dessertgläser oder Ramequin-Förmchen verteilen und die Creme darübergeben. Für 3 Stunden in den Kühlschrank stellen.

6 Für die Plätzchen die Pistazien kräftig mit einem sauberen Küchentuch abreiben, um die Haut abzulösen. Butter, Zitronenschale und Zucker in einer Schüssel vermengen. Eier, dann Mehl, Backpulver und Salz unter Rühren zugeben. Die Pistazien grob zerstoßen und unter den Teig heben.

7 Den Teig auf ein großes Stück Frischhaltefolie geben, zu einer Rolle aufwickeln und beide Enden fest zudrehen. Für mindestens 20 Minuten in den Kühlschrank stellen.

8 Den Backofen auf 180 °C vorheizen. Den Teig aus der Folie wickeln und in 5 mm dicke Scheiben schneiden. Die Scheiben mit reichlich Abstand zueinander auf ein mit Backpapier ausgelegtes Backblech geben. So lange im Ofen backen, bis sie eine goldbraune Farbe angenommen haben. Auf einem Kuchengitter auskühlen lassen und mit der Zitruscreme servieren.

Sie können die Pistazien auch durch andere Nüsse, beispielsweise Mandeln, Hasel- oder Erdnüsse, ersetzen. Der Plätzchenteig kann zusätzlich mit Orangenschale, Gewürzen, Ingwer, Kaffee oder Kakao aromatisiert werden.

Gebackene Birnen mit Honig-Gewürz-Sirup

ZUTATEN

4 vollreife Birnen
Schlagsahne, zum Servieren (nach Belieben)

Honig-Gewürz-Sirup
3 EL Honig
60 ml Dessertwein, z. B. Vin Santo oder Muskateller
4 EL Wasser
2 Zimtstangen
3 Gewürznelken
2 zerstoßene Pimentfrüchte
1 TL Safranfäden

Dieses Dessert besticht durch die leuchtende Farbe des Sirups, den im Ganzen verwendeten Gewürzen und den orangeroten Safranfäden. Safran hat ein wunderbar feines Aroma. Sie können dieses Dessert auch mit einer Mischung aus Äpfeln, Birnen und Quitten zubereiten.

Für 4 Personen

1 Den Backofen auf 200 °C vorheizen. Für den Sirup Honig, Wein und Wasser in einem Topf verrühren. Die Gewürze zugeben und alles 4 Minuten köcheln. Den Topf vom Herd nehmen und den Sirup abkühlen lassen.

2 Die Birnen schälen, halbieren und entkernen. In eine Auflaufform geben und mit dem Sirup übergießen. Etwa 8–10 Minuten im Ofen backen. Sie können die Früchte auch in ein Stück Backpapier einschlagen, damit die Aromen noch besser erhalten bleiben. Dafür die Form mit Backpapier auslegen, die Birnen hineingeben, mit dem Sirup übergießen und das Backpapier fest verschließen.

3 Die Birnen auf Servierteller verteilen und mit dem Sirup aus der Form übergießen. Nach Belieben etwas flüssige Schlagsahne in einem großen Kreis rund um die Birnen und den Sirup verteilen und servieren.

Crème brûlée mit Nusskaramell

ZUTATEN

2 Vanillestangen
500 g Schlagsahne
250 ml Milch
1 Zimtstange
6 große Eigelb
50 g Zucker

Nusskaramell
150 g Zucker
4 EL Wasser
2 EL abgezogene Pistazien
2 EL Pinienkerne
2 EL abgezogene Mandeln
2 EL Sesamsaat

In dem Karamell sind grüne Pistazien und cremefarbene Mandeln, Pinienkerne und Sesamkörner eingefasst. So wirkt es wie eine wunderschöne Glasskulptur, die im Licht schimmert.

Für 6 Personen

1 Den Backofen auf 150 °C vorheizen. Die Vanillestangen mit einem Messer halbieren und das Mark mit dem Messerrücken auskratzen. Schlagsahne, Milch, Vanillemark und -stangen sowie Zimt in einen großen Topf geben.

2 Die Sahnemischung bei mittlerer Hitze unter Rühren bis kurz vor den Siedepunkt bringen, jedoch nicht aufkochen lassen. In der Zwischenzeit Eigelb und Zucker in einer Schüssel schaumig rühren. Die Hälfte der warmen Sahnemischung unter Rühren zugeben und gründlich verrühren. Dann die restliche Sahnemischung einrühren.

3 Die Creme durch ein Sieb in eine Schüssel streichen und auf 6 Ramequin-Förmchen verteilen; dabei die Förmchen nur etwa 2,5–3 cm hoch mit der Creme füllen. Ihre Gäste sollten sich nach dem Dessert nicht einfach nur vollgestopft fühlen.

4 Die Förmchen in eine hohe Auflaufform geben und in diese so viel Wasser hineingießen, dass die Förmchen zur Hälfte im Wasser stehen. Die Auflaufform mit Alufolie abdecken und diese an den Seiten gut andrücken. Die Folie mehrfach mit einem Holzspieß einstechen, damit ein Teil des Wasserdampfes entweichen kann.

5 Etwa 40 Minuten im Ofen backen. Die Förmchen aus dem Wasserbad nehmen und für mindestens 3 Stunden in den Kühlschrank stellen.

6 Für den Karamell Zucker und Wasser in einen Topf geben und bei mittlerer Hitze so lange verrühren, bis sich der Zucker aufgelöst hat. Dann den Sirup aufkochen lassen.

7 In der Zwischenzeit zuerst die Nüsse, dann den Sesam in eine Pfanne geben und kurz trocken rösten. Darauf achten, dass sowohl die Nüsse als auch der Sesam nicht zu dunkel werden, da sie sonst bitter schmecken.

8 Ein Backblech mit einem großen Bogen Backpapier auslegen und Nüsse und Sesam darauf verteilen. Sobald der Sirup eine goldbraune Farbe angenommen hat, den Topf vom Herd nehmen und den Sirup über die Nüsse gießen; dabei in alle Richtungen gießen, damit sich der Sirup dünn über die Nüsse ausbreitet. Den Karamell aushärten lassen, in unregelmäßige große Stücke brechen und zu der Creme servieren. Alternativ dazu können Sie die Crème brûlée mit Zucker bestreuen und unter dem Backofengrill oder mit einem Bunsenbrenner karamellisieren.

Heiße Schokoladentörtchen mit kandierter Orangenschale

Zutaten

6 EL Butter, plus etwas mehr zum Einfetten
70 g Mehl, plus etwas mehr zum Bestäuben
120 g Zartbitterschokolade
2 Gewürznelken
2 Kardamomkapseln
1 Prise gemahlener Zimt
1 Prise frisch geriebene Muskatnuss
abgeriebene Schale von 1 großen Orange
2 Eier (Größe L)
2 Eigelb
3 EL Zucker

Kandierte Orangenschale
5 Orangen
500 ml Wasser
8 Kardamomkapseln
2 Zimtstangen
2 Gewürznelken
1/2 TL frisch geriebene Muskatnuss
350 g Zucker

Diese Schokoladentörtchen sehen elegant aus und schmecken köstlich. Sie haben einen flüssigen Schokoladenkern, der aus den Törtchen herausfließt, sobald sie angeschnitten werden. Die Orangenstreifen werden kandiert und zu den Törtchen serviert. Dieses Gericht bietet einen wundervollen Kontrast der Farben und Konsistenzen.

Für 6 Personen

1 Den Backofen auf 220 °C vorheizen. 6 Ramequin-Förmchen (6 cm Ø) leicht mit Butter einfetten und mit etwas Mehl bestäuben.

2 Schokolade und Butter in eine hitzebeständige Schüssel geben, diese auf einen Topf mit köchelndem Wasser setzen und die Schokoladenmischung unter Rühren schmelzen. Nelken und ausgelöste Kardamomsamen im Mörser zerstoßen, Zimt und Muskatnuss zufügen und alles zu einem feinen Pulver verarbeiten. Die Schokoladenmischung vom Herd nehmen und etwas abkühlen lassen. Dann die Gewürze und die Orangenschale einrühren.

3 In einer weiteren Schüssel Eier, Eigelb und Zucker schaumig rühren. Zuerst die Schokoladenmischung, dann das Mehl unterheben.

4 Den Teig auf die Formen verteilen und 8 Minuten im Ofen backen; die Oberfläche der Törtchen sollte fest, der Kern jedoch noch flüssig sein.

5 In der Zwischenzeit für die kandierte Orangenschale die Orangen mit einem scharfen Messer schälen. Beim Schälen immer mit ins Fruchtfleisch schneiden, sodass ein etwa 5 mm dickes Stück Fruchtfleisch noch an der Schale hängt; dabei über einer Schüssel arbeiten, um den austretenden Saft aufzufangen. Orangenschale mit dem aufgefangenen Saft in einen Topf geben und mit dem Wasser bedecken.

6 Aufkochen und etwa 30 Minuten köcheln lassen, bis die Flüssigkeit um ein Drittel reduziert ist. Die Kardamomkapseln im Mörser zerstoßen und die harten grünen Kapselteile entfernen. Die Kardamomsamen zusammen mit den anderen Gewürzen und dem Zucker zu der Orangenschale in den Topf geben. So lange unter Rühren erwärmen, bis sich der Zucker aufgelöst hat. Dann die Mischung erneut aufkochen und alles etwa 30 Minuten köcheln. Abkühlen lassen, dann die Schalenstücke in Streifen schneiden und den Sirup aufbewahren.

7 Zum Servieren jedes Törtchen mit einem Messer vorsichtig aus der Form lösen und auf einen Servierteller geben. Die kandierte Orangenschale um die Törtchen herum verteilen. Alles mit dem Sirup beträufeln und servieren.

Zartbitterschokolade und Gewürze ergänzen einander geschmacklich wunderbar. Die Säure der Orangen verleiht diesem Dessert Frische.

Joghurt-Sauerrahm-Kuchen mit Gewürzpflaumen

ZUTATEN

Butter, zum Einfetten
2 Vanillestangen
3 Eier, getrennt
75 g Zucker
Saft und abgeriebene Schale von 1 Zitrone
abgeriebene Schale von 1 Orange
250 g griechischer Joghurt (10 %) oder abgetropfter Naturjoghurt
150 g Sauerrahm
1 EL Mehl
2 EL gemahlene Mandeln

Gewürzpflaumen
4 Lorbeerblätter
2 Zimtstangen
6 Sternanise
2 Gewürznelken
12 rote Pflaumen, halbiert und entkernt
1 EL klarer Honig
1 EL brauner Zucker
75 ml Wasser
2 EL Butter

Die samtig schimmernden roten Pflaumen verleihen diesem Dessert einen eleganten Touch. Die Gewürze geben diesem Gericht nicht nur ein unvergleichliches Aroma, sondern sehen auf dem Teller auch ungemein dekorativ aus.

Für 6 Personen

1 Den Backofen auf 180 °C vorheizen. Eine runde Kuchen- oder Auflaufform (20 cm Ø, keine Springform verwenden!) mit Butter einfetten und mit Backpapier auslegen. Die Vanillestangen mit einem scharfen Messer halbieren und das Mark mit dem Messerrücken herauskratzen. Die Vanillestangen für die Zubereitung der Pflaumen beiseitestellen. Eigelb mit zwei Dritteln des Zuckers schaumig rühren. Vanillemark, Zitronen- und Orangenschale unter Rühren zufügen.

2 Joghurt, Sauerrahm und Zitronensaft einrühren, dann Mehl und Mandeln zufügen und alles zu einer glatten Masse vermengen.

3 In einer weiteren Schüssel das Eiweiß steif schlagen, dann nach und nach unter Rühren den restlichen Zucker einrieseln lassen. Ein Drittel der Eiweißmischung mit einem Löffel unter die Joghurtmasse rühren. Dann das restliche Eiweiß unterheben; dabei vorsichtig vorgehen, damit die Masse schön luftig bleibt.

4 Den Teig in die Kuchenform geben. Die Kuchenform in eine hohe Auflaufform stellen und so viel Wasser zugießen, dass die Kuchenform bis zur Hälfte im Wasser steht.

5 Etwa 30 Minuten auf mittlerer Schiene im Ofen backen, bis der Kuchen eine goldbraune Farbe angenommen hat. Den Kuchen nun entweder vollständig auskühlen lassen oder noch warm servieren.

6 Für die Gewürzpflaumen den Ofen auf 200 °C vorheizen. Die Gewürze in jeweils 2 oder 3 Teile brechen. Gewürze, Pflaumen, Honig, Zucker, Wasser und die aufbewahrten Vanillestangen in einer Schüssel gut verrühren. In eine hohe Auflaufform geben und die Butter in Flöckchen auf das Obst setzen. Etwa 15 Minuten backen; dabei mindestens 3-mal den Sud über die Mischung löffeln.

7 Sobald die Früchte weich sind, die Auflaufform aus dem Ofen nehmen und den Sud in einen kleinen Topf abgießen. Den Sud aufkochen und so lange köcheln lassen, bis ein dickflüssiger Sirup entsteht. Diesen nach Belieben noch mit etwas Zucker abschmecken.

8 Den Kuchen in Stücke schneiden und auf Servietellern anrichten. Die Gewürzpflaumen neben dem Kuchen platzieren. Mit dem Sirup beträufeln und sofort servieren.

Italienischer Schokoladenkuchen mit Haselnüssen

ZUTATEN

Butter, zum Einfetten
Mehl, zum Bestäuben
300 g Haselnüsse
250 g Zartbitterschokolade
300 g abgezogene Mandeln
5 EL Weinbrand
2 EL frisch zubereiteter Espresso
1 TL gemahlener Zimt
2 EL Milch
250 g Zucker
5 Eier (Größe L), getrennt und auf Raumtemperatur erwärmt

Zum Servieren
Mascarpone
Dessertwein, z. B. Vin Santo
Mandelbiscotti

Dieses herrliche Schokoladendessert wird ganz ohne Mehl hergestellt. Die gerösteten Nüsse und der Espresso geben dem Kuchen ein wunderbares Aroma. Der saftige Kuchen wird mit Mascarpone, Dessertwein und Biscotti serviert und wird Ihre Gäste an ein elegantes italienisches Restaurant denken lassen.

Für 8–10 Personen

1 Den Backofen auf 180 °C vorheizen. Eine runde Springform (26 cm Ø) mit Butter einfetten und mit Mehl bestäuben. (Dazu etwas Mehl in die Form geben und die Form so schütteln und wenden, dass das Mehl überall an der Butter haften bleibt. Das überschüssige Mehl aus der Form klopfen.)

2 Die Haselnüsse auf ein Backblech verteilen und 5 Minuten im Ofen rösten. Abkühlen lassen. Die Schokolade hacken, mit den Mandeln in die Küchenmaschine geben und zu Streuseln verarbeiten.

3 Die Streusel in eine große Schüssel geben. Weinbrand, Espresso, Zimt, Milch und die Hälfte des Zuckers einrühren. Jedes Eigelb einzeln zugeben und gründlich unterrühren. Die gerösteten Haselnüsse mit einem sauberen Küchentuch kräftig abreiben, um die Haut zu lösen. Dann die Nüsse in die Küchenmaschine geben und kurz grob hacken. Zur Schokoladenmischung geben und gut vermengen.

4 Das Eiweiß in einer sauberen Schüssel steif schlagen. Den restlichen Zucker unter Rühren einrieseln lassen. Das Eiweiß nun vorsichtig unter die Schokoladenmischung heben.

5 Den Teig in die vorbereitete Form füllen und auf mittlerer Schiene 1 Stunde im Ofen backen. Der Kuchen ist gar, sobald an einem in die Mitte eingestochenen Holzspieß kein Teig mehr haften bleibt.

6 Den Kuchen auf ein Kuchengitter stürzen und abkühlen lassen. In Stücke schneiden und auf Servierteller anrichten. Mit Mascarpone, einem Glas Dessertwein und Mandelbiscotti servieren.

Feigentartelettes mit Crème de Cassis & Honig-Mascarpone

Zutaten

abgeriebene Schale und Saft von 1 Orange
2 EL klarer Honig
80 ml Crème de Cassis
12 vollreife dunkle Feigen
500 g Blätterteig, Tiefkühlware aufgetaut
Mehl, zum Bestäuben
175 g Butter
175 g Zucker
125 g gemahlene Mandeln
2 Eigelb

Honig-Mascarpone
400 g Mascarpone
2 EL Naturjoghurt
3 EL klarer Honig
Mark von 1 Vanillestange

Reife Feigen sehen einfach wunderschön aus, sobald sie aufgeschnitten werden. Nicht nur ihre Farbe und Form, sondern vor allem ihr Aroma ist betörend. Zusammen mit Crème de Cassis, Honig und Mascarpone ergeben sie eine wundervolle Nachspeise.

Für 6 Personen

1 Den Backofen auf 180 °C vorheizen. Orangensaft und Honig in einem kleinen Topf verrühren und aufkochen. Etwa 10 Minuten unter Rühren zu einem Sirup einkochen, dann den Crème de Cassis einrühren. Die Feigen halbieren und in den Topf geben. Den Sirup darüberlöffeln, sodass die Feigen bedeckt sind. Den Topf vom Herd nehmen.

2 Den Teig auf eine leicht bemehlte Arbeitsfläche geben und etwa 2-3 mm dick ausrollen. Mithilfe einer Untertasse oder eines großen runden Teigausstechers 6 Teigkreise ausstechen und jeden Kreis auf ein Stück Backpapier legen. Den Teig mehrfach mit einer Gabel einstechen; dabei einen Rand von etwa 2 cm lassen. Die Teigkreise für 20 Minuten in den Kühlschrank legen. Dann etwa 10 Minuten im Ofen goldbraun backen.

3 In der Zwischenzeit Butter und Zucker in der Küchenmaschine cremig rühren. Mandeln und Orangenschale zugeben und gut verrühren. Eigelb und einen Esslöffel vom Feigensirup zufügen und alles glatt rühren.

4 Auf jeden Teigkreis etwas von der Mandelmischung geben und verstreichen; dabei sollte der Rand frei bleiben. Je 4 Feigenhälften auf jedes Törtchen geben und mit Feigensirup beträufeln. Die Ofentemperatur auf 160 °C reduzieren. Die Törtchen in den Ofen geben und etwa 12 Minuten backen, bis die Mandelmischung fest und der Teig schön knusprig ist. In der Zwischenzeit den restlichen Feigensirup unter Rühren erhitzen und etwas reduzieren. Die Törtchen aus dem Ofen nehmen und die Feigen mit dem noch heißen Sirup beträufeln.

5 Für den Honig-Mascarpone den Mascarpone in eine Schüssel geben und mit Joghurt, Honig und Vanillemark verrühren. Die Törtchen auf Serviertellern anrichten und mit dem Honig-Mascarpone servieren.

Dieses Dessert wird am besten im Spätsommer und im frühen Herbst serviert, denn dann sind die aromatischsten Feigen erhältlich.

Register

Ende